多元文化碰撞下的英语翻译研究

苗艳菲 · 著

中国纺织出版社有限公司

内容摘要

我们在现代复杂的社会结构下，必然需求各种不同的文化服务于社会的发展，而这些文化服务于社会的发展时，就造就了文化的多元化，也就是复杂社会背景下的多元文化。

本书以多元文化和全球化为背景，对多元文化碰撞与融合下的英语翻译以及中国传统文化翻译进行了详细阐述。本书共7章，主要内容包括：文化与多元文化、英语翻译与文化翻译、多元文化碰撞产生的根源、多元文化碰撞下常见的英语翻译问题、多元文化碰撞下英语翻译的技巧分析、多元文化碰撞下中国传统文化的英语翻译、多元文化碰撞下的其他典型中国文化的英语翻译实践。

图书在版编目(CIP)数据

多元文化碰撞下的英语翻译研究/ 苗艳菲著. --北京：中国纺织出版社有限公司，2020.12（2025.5重印）

ISBN 978-7-5180-8056-4

Ⅰ.①多… Ⅱ.①苗… Ⅲ.①英语－翻译－研究 Ⅳ.①H315.9

中国版本图书馆CIP数据核字(2020)第206630号

责任编辑：胡　姣　　责任校对：王花妮

责任设计：王　洋　　责任印制：王艳丽

中国纺织出版社有限公司出版发行

地址：北京市朝阳区百子湾东里A407号楼　邮政编码：100124

销售电话：010－67004422　传真：010－87155801

http：//www.c-textilep.com

官方微博 http://weibo.com/2119887771

河北晔盛亚印刷有限公司印刷　各地新华书店经销

2020年12月第1版　2025年5月第2次印刷

开本：889×1194　1/16　印张：10.75

字数：210千字　定价：98.00元

前　言

人类对文化的认识与理解形形色色、多种多样，虽然各有建树，但归根结底，文化是人类社会赖以生存和发展的基础，人类社会离不开文化，人的生活也始终离不开文化。随着经济全球化的不断发展，不同国家与民族之间文化的融合与碰撞已经成为一种不可避免的趋势。一段时期以来，一些西方大国在经济全球化的进程中，不断向别国渗透自己的生活方式和价值取向，这实质上就是从经济霸权延伸到文化霸权领域，从而达到“文化殖民”的意图，其目的在于使世界文化同一化。但是，文化全球化恰恰在于不同民族文化的多样化或多元化，而并非同一化，这也是不同民族文化发展的必然趋势。从根本意义上来讲，文化全球化并不是世界文化的趋同化和同一化，而是具有本土特征的多样性和多元化。唯有如此，才能使世界文化呈现出多姿多彩的景象，从而持保多元文化的共同发展。

全球化的过程将意味着一种循序渐进的空间隔离、分隔和排斥。这也就使得全球化和本土化之间将会产生一种张力，并不断发生碰撞和冲突。在人类文化史上，每一个民族的传统文化的形成和发展都是建立在与其他民族文化相互交往和碰撞基础上的。

基于以上考虑，笔者撰写了《多元文化碰撞下的英语翻译研究》一书。本书以多元文化和全球化为背景，对多元文化碰撞与融合下的英语翻译以及中国传统文化翻译进行了详细阐述。本书共 7 章，主要内容包括：文化与多元文化、英语翻译与文化翻译、多元文化碰撞产生的根源、多元文化碰撞下常见的英语翻译问题、多元文化碰撞下英语翻译的技巧分析、多元文化碰撞下中国传统文化的英语翻译、多元文化碰撞下的其他典型中国文化的英语翻译实践。

本书由鲁迅美术学院苗艳菲编写完成，并负责统稿工作。

本书在写作过程中参考了大量的学术论文和学术著作，在此向相关作者表示感谢！由于作者水平有限，书中内容疏漏之处难免，望广大读者批评指正。

著者

2020 年 8 月

目　录

第一章　文化与多元文化

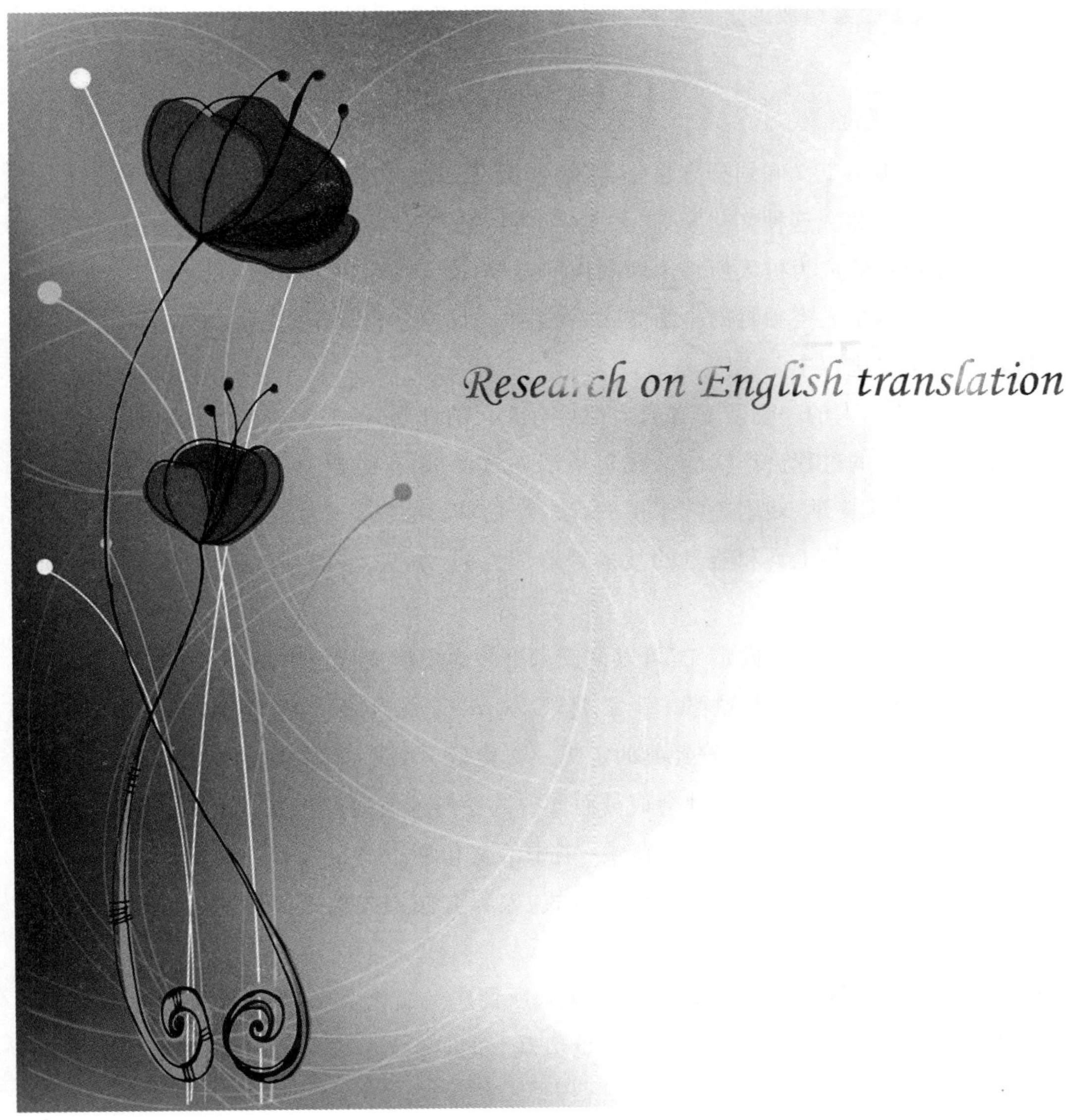

第一节　对文化的理解

一、概念与观点

从马克思唯物主义辩证法的角度考虑，我们认为，文化是主体与客体、人与物、内化与外化的辩证统一，也就是说，文化是人类心智的对象化和外化，是人的本质力量的显现和积淀，是人类社会历史实践过程中所创造的物质财富和精神财富的总和。不仅如此，文化还包括人们的价值观念、审美心理、思维模式、社会制度、风俗习惯、宗教信仰、物质产品等诸多因素，是一个由众多因素组成的复杂整体。因此，人类活动中一切模式化的行为都可归于文化范畴。

（一）广义的文化

虽然文化有很多定义和划分方法，但概括来讲，广义的文化是指人类创造的一切物质产品和精神产品的总和。这种文化又称“大文化”，也就是“人化自然”，是把人的智慧、创造性、感情注入自然使自然成为被人所理解和利用的对象，让人类发挥其主观能动性。因此，人化自然的开始标志就是人类独特的生活方式，就是人类已卓然自立于自然之上，超越自然而进入改造自然的历史进程中。

文化即“人化”，人的一切活动本质上都具有文化的性质，是人类改造自然和社会而逐步实现自身价值观念的过程。广义的文化包括诸如教育、语言哲学、科学思想等认知性的，文学、音乐、美术、建筑美学、戏剧等艺术性的，法律、信仰、道德等规范性的，生产工具、衣食住行的器具以及制造这些工具和器具的技术等器用性的，制度、结构、风俗习惯等社会性的等众多领域。

有一些有代表性的广义的定义，可以使读者更好地把握文化的内涵：

(1)19 世纪英国人类学家爱德华·泰勒(Edward Tylor,1871)在其所著的《原始文化》一书中，首次给文化下了一个比较经典的定义：“文化是一个复合体，其中包括知识、信仰、艺术、法律、道德、风俗，以及人作为社会成员而获得的任何其他能力和习惯。”

(2)金惠康在《跨文化交际翻译续编》一书中给文化所下的定义是：“文化作为一种复杂的社会现象，主要是社会的生产方式、生活方式、人际交往方式或是价值观念、道德规范、社会准则等行为方式所构成的复合体。”

(3)辜正坤在《互构语言文化学原理》中说：“所谓广义文化，指的是人和环境互动而产生的精神和物质成果的总和，包括生活方式、价值观、知识和技术成果及一切经人的改造和理解而别具人文特色的物质对象。”

(4)我国著名哲学家张岱年给文化所下的定义是:“文化总是既作为人类在人本身的自然及外部自然的基础上、在社会活动中创造并保存的内容之总和而存在,又总是作为一种活生生的创造活动而演化。”

(5)《辞海》中文化的定义是:“从广义来说,指人类社会历史实践过程中所创造的物质财富和精神财富的总和。”

(6)《牛津简明词典》中文化的定义是:“艺术或其他人类共同的智慧结晶。”这一定义主要从深层文化的角度阐述了文化的内涵,主要强调了智力因素在文化形成中的重要作用。

(7)《美国传统词典》中文化的定义是:“人类文化是通过社会传导的行为方式、艺术、信仰、风俗以及人类工作和思想的所有其他产物的整体。”这一定义的文化内涵比较丰富,不仅包含上文所提到的深层文化,也包含了风俗、行为等浅层文化。

(8)美国学者阿尔弗雷德·路易斯·克罗伯和克莱德·克拉克洪(Alfred Louis Kroeber & Clyde Kluckhohn,1952)在他们的著作《文化:关于概念和定义的评述》中总结了164条文化的定义。这些定义角度各异,内容翔实完善,从各个方面展现了文化的内涵。此外,两位学者还从自己的理解出发,提出了自己的文化定义:“文化由外显和内隐的行为模式构成,这种行为模式通过象征符号而获得和传播;文化代表了人类群体的显著成就,包括它们在人造器物中的体现;文化的核心部分是传统观念,尤其是它们带来的价值观念;文化体系一方面可以看作是活动的产物,另一方面则是进一步活动的决定性因素。”这一定义有四层意思,定义中分别讨论了文化的构成、文化的地位、文化的核心和文化的作用,其中还重点阐述了文化对人类活动的重要影响。

(二)狭义的文化

狭义文化是对广义文化的记载,是指观念形态文化,作为信息的传播及保存系统,具有知识性特征。广义文化的价值体系相当于狭义文化,它与特定民族的生产方式和生活方式相适应,构成以语言为符号传播的价值观念和行为准则;它与经济政治相对应,是社会经济和政治的反映,又反作用于社会经济和政治,对社会经济和政治产生巨大影响。

从考古学上来讲,狭义的文化指同一历史时期的遗迹、遗物的综合体。同样的工具、用具、制造技术等是同一种文化的特征。相对于广义的定义,文化的狭义概念内容比较单一。《辞海》中对狭义文化的定义是指社会的意识形态以及与之相适应的制度和组织机构。也就是说,狭义文化关注的是精神层面,而非物质层面。但是狭义文化关注的不是个体的精神活动,而是经过传承凝聚而成的、社会成员所共有的精神,也就是我们通常所说的人文精神。同时狭义文化更加关注的是不同民族、不同阶层、不同团体的人文精神特点。

(三)三分说与四结构说

文化定义的解释,有三分说和四结构说这两个观点。三分说的观点,主要是指在人与社会的关系中,人类建立的社会制度和人的行为规范的活动及其成果构成了制度行为文化。

在人与自然的关系中，人类改造自然、征服自然的活动与成果构成了物质生产文化。在人与自我的关系中，人类主体意识的创造活动的过程和成果构成精神心理文化。

此外，四结构说主要是认为，文化结构由外而内可分为四个层次：其一是物态文化层，即“物化的知识力量”。物态文化层是人类物质生产活动方式和产品的总和，它指由人类加工自然创制的各种器物，是可触知的具有物质实体的文化事物，如建筑、工具、器皿等。其二是心态文化层，心态文化层相当于社会意识，它是文化的核心部分和精华部分。心态文化层指人类在社会实践和意识活动中长期孕育出来的价值观念、思维方式、思维习惯、社会心态、思想观念、风土人情、审美情趣等主体因素。作为相当于社会意识的心态文化层，社会意识可区分为社会心理和社会意识形态，社会心理指人们日常的精神状态和道德面貌，是尚未经过理论加工和艺术升华的普遍的大众心态；社会意识形态则是指经过系统加工的社会意识，也深刻地反映社会的存在。其三是行为文化层，它是一种社会的、集体的行为，不是个人的随心所欲。行为文化层主要是指，人类在社会实践中，尤其是人际交往中约定俗成的习惯性定势构成，以礼仪习惯、民俗风俗、宗教信仰、教育娱乐、社会生活方式等形态出现的见之动作的行为模式。最后是制度文化层，如社会制度、社会组织、政治、法律等。制度文化层指人类在实践中组建的各种社会规范以及调节相互关系的准则。

二、文化的特征

文化是经过人的主体参与而不断完善发展的，是在一定的自然环境、历史条件下形成的，这就决定了文化具有以下特征。

（一）文化是社会成员所共有的

文化是社会成员所共有的，是指被广大社会成员认可并且共有的特殊方式或行为，只有这样的才可以称为文化。例如，中国人有喝茶的习惯，这就形成了中国的茶文化。在中国，因地区差异形成了八大菜系和不同地区的饮食习惯，这就形成了中国不同地区社会成员的饮食文化。反之，如果只是个体的行为方式就不能称为文化。比如，一个人常吃法国菜，这就不能算作文化，而是个人的饮食爱好而已。

（二）文化是传承的

文化的传承，是指文化是一种遗产，可以世世代代地传承下来。例如，中国古代孔子的思想在中国代代相传是因为孔子思想是中国古代哲学的精髓；此外，中国古代数量庞大、价值连城的文物也都传承了下来。文化之所以能够被传承下来，是因为这些文化是某一民族的思想结晶或物质财富。例如，中国古代的故宫、颐和园、长城以及大量的珠宝、字画、陶瓷、服饰和其他的文物古董都经过历朝历代传了下来。文化传承的渠道主要有两个。一个是口口相传，具体来说就是老一辈的人把自己认为有用的价值理念和实践经验，通过口头交流传

授给晚辈们。此外，年轻一代的人通过模仿和学习来践行父辈的行为准则和道德观念。另一个就是通过物质载体，如用书面语言在竹简、羊皮纸、纸张上来记录历史事件、先人思想等。因为人们常常以书面语的形式记录文化传统，也正是因为这种形式的文化传承，才能使我们今天通过历史文献和典籍来了解多姿多彩的古代文化。

（三）文化是后天习得的

一个人所具有的文化是后天习得的。一个人具有什么样的文化不是先天就有的，也并不取决于他先天的种族而是取决于他所生存的环境。中国人从小在美国生活，就会自然地讲英语、吃西餐，而一个美国人从小在中国生长，他就会被中国的文化所影响，讲中文、吃中餐。又如，中国人与人初次见面常常握手表示礼貌，而日本人见面行鞠躬礼，美国人见面则拥抱表示友好。可见，各国不同的礼仪文化是后天习得的，而不是每个人天生就会的。同理，一个人具有什么样的文化是后天学习的结果而不是与生俱来的。

（四）文化是以民族为中心的

文化是社会共有的，也就是说，文化是特定的人群长期在一起生活、劳动、交往的产物。特定的人群在特定的地理环境、自然条件下的长期共同生活就会形成思维模式、世界观、价值观、交往方式、行为准则、社会习俗乃至生活方式完全相同的种族或民族。文化是以民族为中心的。例如，英国人给人的感觉是守规矩、呆板，而法兰西民族则热情奔放、善于制造浪漫，有着悠久历史的中华民族则继承了古代先贤"自强不息、勤劳勇敢"的性格特点。通过这些可见，不同的民族有着不同的性格特点，这种性格特点造就了不同的文化氛围。

（五）文化是动态的

文化是流动的、前进的，所有民族、群体的文化不是一成不变的。莉奈尔·戴维斯指出："还必须认识到，文化都是静态的而非静止的。它们在社会历史事件的冲击之下，通过与其他文化的接触交往而不断地变动着、进化着。行为举止与社会习俗的变化可能发生得较为快速，而基本模式与价值观、世界观以及意义系统方面的变化往往发生得较为缓慢。"在唐朝，男人普遍梳发髻，以衣着暇饰为铡，而在清朝，男人都要蓄长辫；在古代，人们都要衣着长袍，而在现代，人们可以随心所欲地穿各式服装。这些例子无疑都反映了文化是不断更新、不断向前的。

（六）文化是符号性的

文化要表达出来就要借助物质载体，尤其是一些抽象的文化含义。例如，十字架代表着基督教，当我们看见十字架时就会想到基督教这一文化内涵。最典型的要数语言的符号性。因为，每个国家的人都会借助语言符号来表达想法以及一些或具体或抽象的概念。如汉语中的"猫"，在英语中是cat，法语中是chat，西班牙语中是gato，德语中是katze，日语中是nei-ko。由此可以看出，图形符号在不同的文化中意义迥异，如六角星在犹太文化中代表犹太人，而在另外一种文化中则可能代表异端和对神灵的亵渎。

（七）文化各要素之间是紧密联系的

文化的内容涉及面很广泛，有物质文化也有非物质文化，其要素多种多样，这些要素相互融合、相互影响。一次政治上的改革运动，可能就会引起社会经济和价值观的变化。正如著名学者霍尔所说："文化的各个方面是相互联结的——触动其中一处，其他各处就都会受到影响。"此外，兴起于20世纪60～70年代的美国女权主义运动是一场政治运动，这场运动不仅改变了美国女性的政治地位，而且提高了女性的经济意识，改变了女性的价值观念。可见文化的各个要素之间相辅相成，牵一发而动全身。

（八）文化是多样性的

因地理环境、历史条件、生产方式等原因，当今世界有两千多个民族，这些民族逐渐形成了自己的民族特征。从宏观上来说，人类形成了以中国和印度为代表的东方文化，以古希腊和罗马为基础的西方文化，还有以埃及为源头的非洲文化和以玛雅文明为摇篮的拉丁美洲文化。这样就形成了民族的多样性，民族的多样性必然导致文化的多样性。此外，具体来说，还有古代的四大文明古国（古巴比伦、古印度、古埃及、中国）的文化。再往小处说，各个群体、地区、民族都有自己的文化。可见文化是多样的，并且是多姿多彩的。

三、文化的分类

文化包含的内容复杂多样，关于文化的分类也不尽一致。但归纳来看，最常见的文化分类有以下几种。

（一）大文化与小文化

从语言学角度讲，有语言学家把文化分为两大范畴，大文化（英语表达为 big culture）和小文化（英语表达为 small culture）。大文化包括语言和其他的文化现象；小文化是指非语言文化现象，与语言是并列关系。

（二）主流文化与亚文化

一种文化系统内部结构复杂，往往呈现出多姿多彩的内容。中国幅员辽阔，文化内涵也包罗万象，因此，在中国这种情况表现得最为明显。如中国东、西、南、北的口音各异，饮食和穿着也有很大差别。提到东北人，大家会想到他们的豪爽、乐于助人和不拘小节；提到北京人，人们会想到他们的京腔京调；提到中国的56个民族，人们会想到各个民族，尤其是少数民族色彩斑斓的服饰和具有民族特色的舞蹈。因此，如果把中华文化称为主流文化，英语表达为 main stream culture，那么那些地方性的、群体的、各个民族的文化就是亚文化，也就是 sub-culture。

亚文化可以按地区特性和社会特性分为两类。若按地区划分，中国可以分为关东文化、齐鲁文化、岭南文化、江淮文化，这些都是典型的代表。这些区域都有自己独特的饮食、口音

方言以及价值观等。但是，这些文化都孕育在中华文化的母体之中，都与这个母体有着千丝万缕的联系。然而随着各个地区交流的不断加深，各个地区之间的文化融合也越来越快，文化之间的差异不断缩小，这就导致了地区亚文化的特性不断减弱。也正因为这个原因，如何保持亚文化特性就成为一大难题。若按社会特性划分，亚文化包含许多社会因素，如性别、年龄、职业、社会阶层等文化特性。也就是说，这一类文化的代表包括“城市文化和农村文化”“青年文化和老年文化”“精英文化和大众文化”“白族文化和土家族文化”等。

（三）知识文化与交际文化

从文化各个要素的功能和特点出发，文化可以分为知识文化和交际文化两类。《辞海》中说：“为便于区分，人们习惯上将文化分为两类，把社会、政治、经济、文学、艺术、历史、哲学、科技成就等称为知识文化，也就是 intellectual culture；把社会习俗、生活习惯、思维方式及行为准则等称为交际文化，即 communicative culture，或者也可以称为常识文化。”金惠康说：“所谓知识文化，主要是指非语言标志的，在跨文化交际中不直接产生严重影响的文化知识，呈物质表现形式，如文物古迹、艺术品、实物存在等。交际文化主要指在跨文化交际中直接发生的影响，在语言中隐含有文化信息。它主要以非物质为实现形式。”可见，交际文化又可以细分为外显交际文化和内隐交际文化。社会习俗、生活习惯和生活方式易于理解与把握，在人与人的交流中这些要素是最容易被察觉的，因此，我们将它们称为外显交际文化。而价值观、世界观、思维方式、态度情感、民族性格等则称为内隐交际文化。因为这些文化不易被把握，是更深层、更为隐含的文化内涵。

（四）物质文化、制度文化和精神文化

按照文化的表现形式，可以将文化分为物质文化、制度文化和精神文化。这种分类方法是当今比较流行的“文化三分法”。物质文化就是指完全有物质载体的文化，也就是物化形式的文化。例如，北京的四合院、流传下来的笔墨纸砚、景德镇陶瓷、交通工具等都是物质文化的范畴。这些物质具有独特的文化特点。

制度文化包括所有制、管理机构、国家的行政管理体质、法律制度和民间的礼仪习俗等，是人类为了自身发展创造出来的制度体系。精神文化也可称为“观念文化”，是文化的意识形态部分，是人类认识主客观关系并进行自我完善和价值实现的知识手段，包括哲学、文学、艺术、道德、伦理、习俗、价值观和宗教信仰等。换言之，它是人们通过思维活动所形成的精神产品。

（五）高语境文化与低语境文化

语境，是指语言交际中所依赖的背景环境。语境在交际中的作用非常重要，人们都是依赖语境进行交际的，只不过依赖程度不同。而高语境文化与低语境文化，就是按照文化对语境的依赖程度进行划分的。美国人类学家爱德华·霍尔（Edward Twitchell Hall）指出：“高语境的交际或信息是指，在这类交际或信息中，大多数信息要么存在于自然环境，要么内化

于交际者的头脑里。只有极少数的信息是以符号代码的形式清晰而外显地加以传递的。而低语境的交际正好相反，大量的信息借助清晰外显的符号代码来传递。”例如，亚洲的中国、日本和韩国属于高语境国家。这些国家的人在表达自己的感情或看法时比较委婉含蓄，交际信息隐藏在参与者的头脑里或大量的信息隐含在语境中，而在其言语中含有很少的信息。而如美国、瑞士、加拿大等低语境文化的国家，人们之间历史的传承差异较大，这样就造成共同体验的缺位。所以，在这些国家，人们在交往时就会尽可能说出更多的信息。

高语境文化从高到低排列为日本、中国、朝鲜、非裔美国人，低语境文化从高到低依次为德裔瑞士、德国人、斯堪的纳维亚人、美国人、法国人等，其中阿拉伯人、希腊人、英国人等位于这两种语境文化之间。

（六）公开文化与隐蔽文化

爱德华·霍尔曾在《无声的语言》一书中指出：文化存在于两个层次中：公开的文化和隐蔽的文化。前者可见并能描述，后者不可见，甚至连受过专门训练的观察者都难以察知。也就是说，公开的文化是易于被人们所接受和理解的，如服装、道路、建筑物、饮食、家具、交通工具、通信手段、街道等这些暴露的物质文化都可以被称为公开文化。这些文化的特点是直观，文化内涵易于掌握。

与公开文化相对的隐性文化是指深层次的文化，这些文化不易察觉和掌握。例如，风俗习惯、价值观念等。要想知道一个国家、一个民族，甚至一个人有什么样的价值观念需要通过漫长时间的观察与体验才能得出结论。隐性文化看似对人们的日常生活没有什么作用，但实际上它对每个人都有着潜移默化的深层影响。尤其是价值观对人的影响最大，价值观念影响人的世界观、宗教观、婚姻观念、道德观念等方方面面。所以说，隐性文化才是一个人或者一个民族发展的关键，也是文化的内核和基石。

（七）高层文化、低层文化、深层文化和民间文化

按照文化的层次可以将其划分为高层文化、低层文化、深层文化和民间文化。其中，高层文化（high culture）也称“精英文化”，这类文化通常是指比较高雅的文化内涵，如文学、艺术、建筑、宗教等。低层文化（low culture）是与高层文化相对的文化内容，通常是指一些低劣的、粗鄙的文化内涵，例如，不文明的话语、不礼貌的行为等。深层文化（deep culture）又称“背景文化”，意指隐而不漏的、起决定和指导作用的文化内涵，包括思维模式、心理结构、价值取向、世界观、态度情感等。民间文化（folk culture）又称“通俗文化”，通常指与人们大众生活有紧密联系的文化内涵，例如，生活方式、风土人情、社会准则等。

四、翻译概念下的文化演变

（一）传统语文学定义

翻译的概念由来已久，随着历史和社会的发展，其概念的范围越来越大，覆盖面越发广

泛。随着当今科学技术的迅速发展，经济全球化步伐的日益加快，信息传播日新月异，跨文化交流越来越普及。翻译作为传播信息的工具越发验证了其与文化密不可分的关系。

在翻译的过程中，只有不断地进行文化交流才能有效传递原文承载的文化信息。翻译在沟通交流、促进文化趋同的过程中有着不可或缺的作用，是跨文化交流的桥梁，由此可见，翻译的结果实质上是文化的交流。因此，在我们的学习过程中，很有必要来探讨翻译概念的文化演变、文化差异等对翻译的影响以及文化翻译的策略。

在传统语文学中，其具体演变大致如下：

例如，在英语演变中，单词 translate 源自拉丁语 transldtus，意思为 to carry across，transfer（The American Heritage Dictionary of The English Language，1971）。而单词 translation 源自拉丁语 translátión-em，translatio（The Oxford English Dictionary，1989）。从 translation 的词源可以看出，“翻译”一词的最初含义主要是转移或转换。例如，在 Webster's New Collegiate Diction ary（1960 版）（《韦伯斯特新大学词典》）里，编者给出的翻译定义是“to turn into one's own language or another language”，意为：转换成本族语或另一种语言。

在我国，“翻译”一词源自《礼记・王制》，其中记载着“五方之民，言语不通”，于是为了“达其志、通其欲，各方都有专人，而北方日译”。后来，佛经译者在“译”字前加“翻”，成为“翻译”一词，一直沿用至今。

通过以上我们对“翻译”一词英汉两种词源的考证，可知，一个客观准确的翻译定义至少要包含两个方面的内容，即语言转换和满足沟通的目的。

（二）现代语言学定义

“翻译”的语言学定义从语言实体和文本内容入手，试图通过分析形式和意义之间内在、固有的联系，把翻译过程进行“量化”，以建立一种对翻译活动普遍适用的标准模式。随着翻译活动的逐步增多，人们开始认识到翻译更重要的是原作内容的传递，而不仅仅只是语言之间的简单变换。英国著名的翻译理论家卡特福德（Catford）给出的翻译定义为：“The replacement of textual material in one language（SL）by equivalent textual material in another language（TL）”，也就是意为，用一种语言（译语）的等值文本材料去替换另一种语言（源语）的文本材料。此外，费道罗夫（Fedorov）也同时强调内容和形式之间的关系，用他的话说，也就是“翻译就是用一种语言把另一种语言在内容与形式不可分割的统一中所业已表达出来的东西准确而完整地表达出来。”而在我国，翻译理论家黄龙则认为“Translation may be defined as follows：the replacement of textual material in one language（SL）by equivalent textual material in another language（TL）.”

通过分析以上翻译名家给出的“翻译”定义，可以看出，“翻译”开始尝试追求原文和译文在内容上的等值。语言学理论把翻译活动纳入了一种“规范的操作体系”，使翻译理论不再囿于感悟式的经验总结，而进入到形式化、逻辑化的轨道上来。另外，它把注意力从原作和译作表面形式特征的比较引向了对意义转换本质的探讨。

（三）文化学定义

自19世纪80年代后期开始，文化批评和研究在西方学术理论界崛起并逐步上升到主导地位。受此影响，很多学者开始从各自不同的文化角度切入研究翻译问题。在这方面比较有影响的有翻译理论家图里（Toury）。对此，他给出的翻译定义为："A translation is taken to be any target-language utterance which is presented or regarded as such within the target culture，on whatever grounds."这句话的意思是，在任何情况下，译文都表现为或被认为是目的语文化中的一种目的语文本。除此之外，还有翻译研究者认为"they view translation as identical to culture"，意为：翻译等同于文化。

在我国，著名的翻译家蓝峰认为："翻译是一种双向文化交流的主要形式，和其他形式的文化交流一样，翻译也有其很强的实用性和目的性，也就是鲁迅所说的'拿来'和'吸收'的原则。只有对翻译概念的理解达到这样一个重要阶段，人们在从事翻译活动时才有可能自觉地追求较高程度的文化交流。"在他之后，翻译家王克非提出："翻译是译者将一种语言文字所蕴含的意思用另一种语言文字表述出来的文化活动。"不仅如此，著名翻译家张今从文化交际的角度对翻译进行定义，"翻译是两个语言社会（language—community）之间的交际过程和交际工具。它的目的是促进本语言社会的政治、经济和文化的进步，它的任务是要把原作中包含的现实世界的逻辑影响或艺术映像，完好无损地从一种语言转到另一种语言中去。"

从以上各个翻译家的定义可以看出，文化学定义的进步之处在于它把注意力从译品和翻译过程研究转向了整个翻译行为的研究，把翻译研究置于更为广阔的文化研究语境之下，提出仅仅解决翻译过程中的技巧问题是远远不够的。综上，文化学定义最接近翻译的实质——文化交流。此外，也有不少文化学定义，把翻译活动看作是跨文化交际的活动。

（四）交际学定义

交际学的发展也深刻影响着翻译定义的演变，作为现代语言学的一个重要分支，其特征是把翻译定义为一种交际或交流。美国著名翻译理论家尤金·奈达（Nida）早期提出的翻译定义为"Translating consists in reproducing in the receptor language the closest natural equivalent of the source-language message. First in terms of meaning and secondly in terms of style."此句的意思即为：翻译就是在译语中用最贴切而又最自然的对等语再现源语的信息，首先是语义，其次是文体。

对于这一定义，它的优点在于把交际学中的信息论引入翻译理论。根据奈达的观点，翻译意味着用语义和风格两方面都最接近、最自然的译语对等词语来再现源语的信息。之后，奈达还明确翻译是不同文化交流之间的一种最重要的媒介，指出翻译就是交际。这不仅突

出了翻译的社会功能,也体现了翻译在人类发展史上的关键作用。

(五)跨学科定义

翻译本身具有复杂性,故跨学科的定义更能接近翻译的实质,但学科之间的结合也需要合理、科学。近年来,国内外翻译界出现了诠释学派、操纵学派、目的学派、解构学派等百家争鸣的局面。这些学派从自身的角度出发,对翻译现象进行多维度研究,使得翻译研究的范围较之以前扩大许多。

在我国,翻译家侯林平提出的翻译定义是跨学科定义中比较接近翻译本质的。他认为,翻译是译者通过其思维或信息科技手段,将源语文本中表达原作者意图的各种信息转换到风格极似的译语中以满足读者特定需要的跨语言、跨文化的交际活动。这样的定义,无疑深化了人们对翻译本质的认识。与此相应,这一阶段翻译的定义往往从心理学、传播学、文化学、符号学、语言学等多个角度进行界定和阐释。

可以说,从文化交流的角度提出翻译概念便真正抓住了翻译的本质,将交际学与文化学这两个学科结合起来给出翻译的定义是比较正确的方向。但我们更应该注意到这两个学科的结合点,这个结合点就是文化交流。

第二节 对多元文化的理解

一、什么是“多元性”

“多元文化”是由“多元性”和“文化”这两个概念组成的。“文化”的概念在前面已经有过论述,此处就不再解释。而对“多元性”的解读,又和文化的本质分不开。

(一)“多元性”概念溯源

文化多样性是从生物多样性的概念中延伸出来的,生物多样性包括基因、物种和生态系统的多样性,是生态系统不断变得复杂的产物。文化多样性说明人类已经在文化问题上有了较多的认识,提倡对所有历史和文化的尊重。人类物种的进化和文化的发展都依赖于多样性,因为不同的族群在不同的自然环境中发展出了不同的文化。

(二)“多元性”的对立面

生物多样性和特化现象是相对应的概念。特化作为生物进化过程中的一种重要现象,是生物对环境的特异适应,有利于某些方面的发展,但也减弱了其他方面的适应性。当环境发生变化时,高度特化的生物类型就会因为适应性低而灭绝。文化发展中也有特化现象,它也可以称为文化单一性,和文化多样性是相对应的概念,它主要是指西方文化扩散到其他文化之中,使全球文化变得单一并呈现出标准化趋势,影响着不同文化的传承与发展以及各个社会的稳定乃至社会制度的演变。虽然不能肯定这种标准化趋势是否会消除文化差异，但毫无疑问的是，相似性肯定会增加。在技术发展和全球市场机制的影响下，知识分子的标准下降，民族传统文化衰落，独特的国家认同遭到美国文化的压制，文化必然走向单一。因此，当今世界需要克服的难题是文化单一性，是五彩缤纷的世界的消失。文化特化现象表明，如果人类过分依赖某些特定文化内容，最后也可能变得落后甚至被淘汰。可见，文化和生物体一样都应该保持发展的多元性。

（三）文化多元性的价值

民族、国家、地域、社群、阶级、性别乃至个体等都是文化多样性的不同单元。每一种文化都是生而平等的，并以其他文化作为相对于自身的多样性。每一种文化想要保持自身的吸引力，保护自身的价值，并且维护国家利益乃至为世界的稳定贡献力量，都必须肯定其他文化的多元性。当文化的多样性消失时，自身文化也失去了发展的动力。另外，肯定其他文化的价值，也是维护社会和平和达成国际理解的必然要求。人类是相互依存的，每一种文化都属于人类文化大家族中的一元，为整个文化有机体做贡献，也依赖于整体的福祉，同时也具有自己的规定性。

文化多样性不仅为人类文化的融合提供了条件，也有助于提高每一种文化的辨识度及存在的价值。每一种文化是具有多样性的生活方式，有的部分是从祖先那里继承的，有的部分是在劳动实践中得来的，有的部分是依据风土演化而来的，总之有着深刻的特色。人类在应付各种复杂情况时可以从多样性的文化上寻找可靠的支撑条件，多样性的文化是人类的共同财产，为人类文化的发展提供了源源不断的动力。不同文化之间只要不相互抵制，就能使整个文化世界充满勃勃的生机。无论是从当代还是从子孙后代的利益考虑，文化的多样性都应该被肯定。为了人类共同的利益，各个文化都应秉持文化多样性的观念，为人类的生存和发展提供一个新的平台。只有这样，在这个全球化时代，才能建立理想意义上的文化多元性。只有经受了全球化时代洗礼的多样性才是最值得憧憬的。因此，那些强势文化如果愿意为了自身乃至整个人类的长远利益，主动地放弃一些支配地位，给予弱势文化更大的生存空间，是有着深远意义的。

二、文化多元主义的具体内涵

第二次世界大战以后，在西方国家内部少数族群呼喊权利和平等的情况下，多元文化主义作为一种保护族群少数群体权利的政治与文化思潮诞生了。所以，从根本上讲，多元文化主义是一种政治价值观，因为它的最终目的是政治平等。

经过了美国民权运动的多元文化主义已经逐渐得到了知识界和传媒界的普遍认同，真实而深刻地影响着族群权利被对待的态度，引导着对美国社会架构和文化模式的阐释。多

元文化主义的核心理念是倡导对族群文化的包容、族群间差异的平等以及少数族群的权利。

多元文化主义还是一种公共政策，建立在“多元文化”客观事实的基础上，鼓励文化的多元性，倡导来源多样的群体的和谐相处，禁止任何以肤色、种族、宗教或其他因素为理由的歧视，为少数族群争取更多的公共事务参与的机会，实施了众多处理文化多样性问题的方针。依据多元文化主义的理念，国家和政府不能疏远任何族群，应通过承认少数族群的身份来使其获得对族群的认同感，并鼓励少数族群把对族群的认同感转换为对国家的认同，从而促进社会的稳定。

从20世纪60年代起，越来越多的美国人开始宣传和倡导多元文化主义，有关族群文化多样性的课程也进入了学校的课堂，各种族群传承活动举办得如火如荼。不得不说，多元文化主义渐渐打破了美国主流文化的话语霸权和等级秩序，推动了社会各个族群在政治、教育、就业、经济等方面的平等，彻底扭转了弱势群体的人生局面。

第三节　语言多元化与文化多样性

一、语言多元与文化多样性的关系

全球化进程使得文化多样性受到了严峻的挑战，那么应当如何维护文化多样性呢？对此，加利先生指出了一个重要的思路：语言多元是维护文化多样性的前提。他的观点是，语言多元与文化多样性，这两方面相互联系，不可割裂对待。一方面，语言和文化多样性都是人类共同文化遗产的重要成分；另一方面，语言多元应为文化多样性的基本条件。根据《世界人权宣言》(Universal Declaration of Human Rights)第27条和联合国《经济、社会、文化权利国际公约》(International Covenant on Economic, Social and Cultural Rights)第13条、第15条，“每个人都应当能够用其选择的语言，特别是用自己的母语来表达自己的思想，进行创作和传播自己的作品”。如果在全球化的进程中任凭全世界都英语化，任凭一门门语言走向消亡而袖手旁观，由此导致的后果将不堪设想。如果我们什么都不做，越来越多的人将失去使用母语来表达自己思想的权利，由此就很有可能会造成“语言的霸权”。

人类约四十年的翻译研究工作中，首先经历了“语言学转向”，其次经历“文化转向”，每一次转向都为我们更全面地认识和理解翻译提供了一种新的方法，也让我们愈加深刻地理解“语言”与“文化”这两个概念，从而为更好地把握这两者之间的关系提供了新的视角。在我们看来，语言与文化的关系主要归结为下列几个方面：首先，语言是文化的重要组成部分。根据联合国教科文组织《保护非物质文化遗产公约》(Convention for the Safeguarding of the Intangible Cultural Heritage)的定义，世界非物质文化遗产总共包括了六个方面，其中一个方面就是“口头传说和表述，包括了作为非物质文化媒介的语言”。英国著名人类学家马林诺夫斯基进一步提出,“语言是文化整体中的一个重要部分,但是它并不是一个工具的体系,而是一套发音的习惯及精神文化的一部分。”作为文化整体的重要部分,语言是民族精神和民族特性的外在写照,也能够反映文化、代表文化,从某种程度上来说,一种语言的演化史就是一种文化的发展史。

其次,语言是文化的载体。英国学者斯图尔特·霍尔(Stuart Hall)在深入研究了当今社会中语言的运作、文化的表象和意指实践的基础上,提出了:“如今,语言是具有某种特权的媒介,人们通过语言‘理解’事物,并交流其意义。只有通过共同的语言,我们才可以交流、分享意义。因此,对于意义与文化来讲,语言是非常重要的,它总是被看作文化价值和意义的主要载体。”在这位著名的学者看来,语言是在一种文化中表达思想和情感的媒介,语言的表征对意义生产的过程非常关键,而“文化首先涉及一个社会或集团的成员之间的意义生产和交流,也就是‘意义的给予和获得’。如果说两个群体的文化相同,那么,他们应该就会使用类似的方法来对世界进行解读,并用相互可以理解的方式来表达自己以及他们对世界的看法和感情。文化因而取决于其参与者用大致相似的方法对他们周围所发生的事作出富有意义的解释,并‘理解’世界。”我们可以通过霍尔的这些观点认识到,语言与文化关系密切,甚至不可分割,没有了语言,就无法展开意义的交流,文化也就失去了存在的基石。

再次,事实上,语言并不是一种被动的工具,它具有能动的创造作用。德国语言学家洪堡及其后继承并发展了洪堡思想的新洪堡学派,将语言视作一种创造性的精神活动,不同语言有着不同的切分现实世界的方式,也就是说,一种语言代表了一种世界观。这些语言虽然忽略了人类思维方式的共通性,过分强调了语言对不同民族人们考察客观世界的方式的决定作用,但不可否认的是,它们将一个民族的语言身上所沉淀的历史文化特性深刻地揭示了出来。

一方面,语言承载了文化的价值及意义,所以恰如加利先生所担心的那样,某个民族的传统、创造、思想、历史和文化都会随着其语言的消亡而一并消失。另一方面,一门语言其实也是一种世界观、一种理解世界的方式,所以伴随一门语言的消亡,使用这一语言的群体将不再具有理解世界、表达思想和进行交流的自然方式,这相当于丧失了其存在的方式。因此,我们应当把语言多元化、文化的多样性当作全人类共同的遗产来加以保护。我们在保护某门语言的存在权的时候,也是在保护这门语言所承载的特殊文化价值,同时也是保护使用这一语言的人群创造文化、表达思想、进行交流的权利。也正是在这个意义上,经济全球化、一体化进程不断加快的过程中,中外文化交流时如果有某种特权语言和“文化霸权主义”的倾向出现,我们应该谨慎对待。

二、维护语言多元和文化多样性的重要意义

人们曾经有过十分天真的想法:如果天下共通一语,人类的交流该是多么方便啊!柴门

霍夫也许就是抱着这一天真而美好的想法创立了世界语。因文化、技术等方面的原因，世界语终究没有在世界范围内普遍使用。但是，如今在全球化程度日益加深的背景下，英语正成为一种全球政治、经济往来甚至文化交流的"通用语言"，有成为另一种世界语的趋势。我们不能不留意的是，英语的普遍使用虽然看似为交流提供了方便，结果往往是削弱了处于不利地位的一些民族的文化。我们在前文已经阐述，一个民族一旦丧失了其语言，其文化也就跟着消亡。

实际上，"单语化"的危害不仅在文化层面上有所反映，由它所导致的语言霸权还会对国际关系造成危害，就像加利曾经说过的，一门语言反映的是一种文化和思维方式，说到底，语言表达了一个民族的世界观。如果我们任凭语言单一化，其结果将是一种新的特权群体的出现，这就是'话语'特权群体。对于语言和支配控制之间的关系，女性主义理论家贝尔·胡克斯(Bell Hooks)在她的著名著作《语言，斗争之场》中进行过深刻的反思。她在文中提出："标准英语不是被逐者的语言，它是征服者和统治者所支配的语言。在美国，它是一副面具，掩盖了许多语言的消亡：各种各样的土著的声音，伽勒诺(Gullah)、意第绪语(Yiddish)，以及其他未被记住的土语，人们再也不会听到这些声音了。"她意识到压迫者利用英语对她的伤害，认识到压迫者如何利用英语来伤害她，认识到压迫者是如何将英语形塑为一个作出界定的领域，又是如何将英语变成一种作践和殖民的特殊工具。也许胡克斯女士的这些观点有些偏激，但是，无论站在美国境内的土著语言与英语的实际关系的角度，还是站在当今世界中英语与其他语言的关系的角度来说，英语都有可能真正成为一种作践和殖民的工具，它可能成为某些国家谋求强势文化甚至推行"文化霸权主义"的同谋。因此，我们必须对此保持警惕。

加利还认为，为了避免"单语化"现象的出现，必须强调少数决策者的世界是绝大多数的地球居民共同参与的世界，而全世界的居民与其身份、文化和语言之间具有紧密的联系，不可分割对待。要想方设法帮助他们相互接受各自的文化与语言，而不是使全球语言单一化。欧盟在这一方面就做了非常具有借鉴意义的工作，经济和货币一体化的同时尽力维护文化的多样性，鼓励各成员国使用本国的语言，这种做法具有开创性，将会对全球化过程产生深远的影响。多年来，欧盟各成员国的翻译界一直呼吁维护多元文化价值，他们特别强调要充分发挥翻译在维护文化多样性方面的重要作用，这一点值得我们学习借鉴。

加利深刻认识到维护语言及其所承载文化的多样性对于国际关系民主化的重要意义，他指出："处在国际社会的各个权力阶层的人们必须采取行动，保护语言和文化的多样性不被破坏，这样才能有效地实施国际关系的民主化。这就像国家内部的民主需要依托于多党合作，国家之间的民主也需要依托于语言的多样性。"从加利的论述中，可以得出这样一个结论，那就是世界的民主和和平是建立在语言的多元和文化的多元的基础之上的。维护语言的多元和文化的多样性，警惕语言的单一化，对于国际关系的民主化和世界和平是至关重要的。

第二章　英语翻译与文化翻译

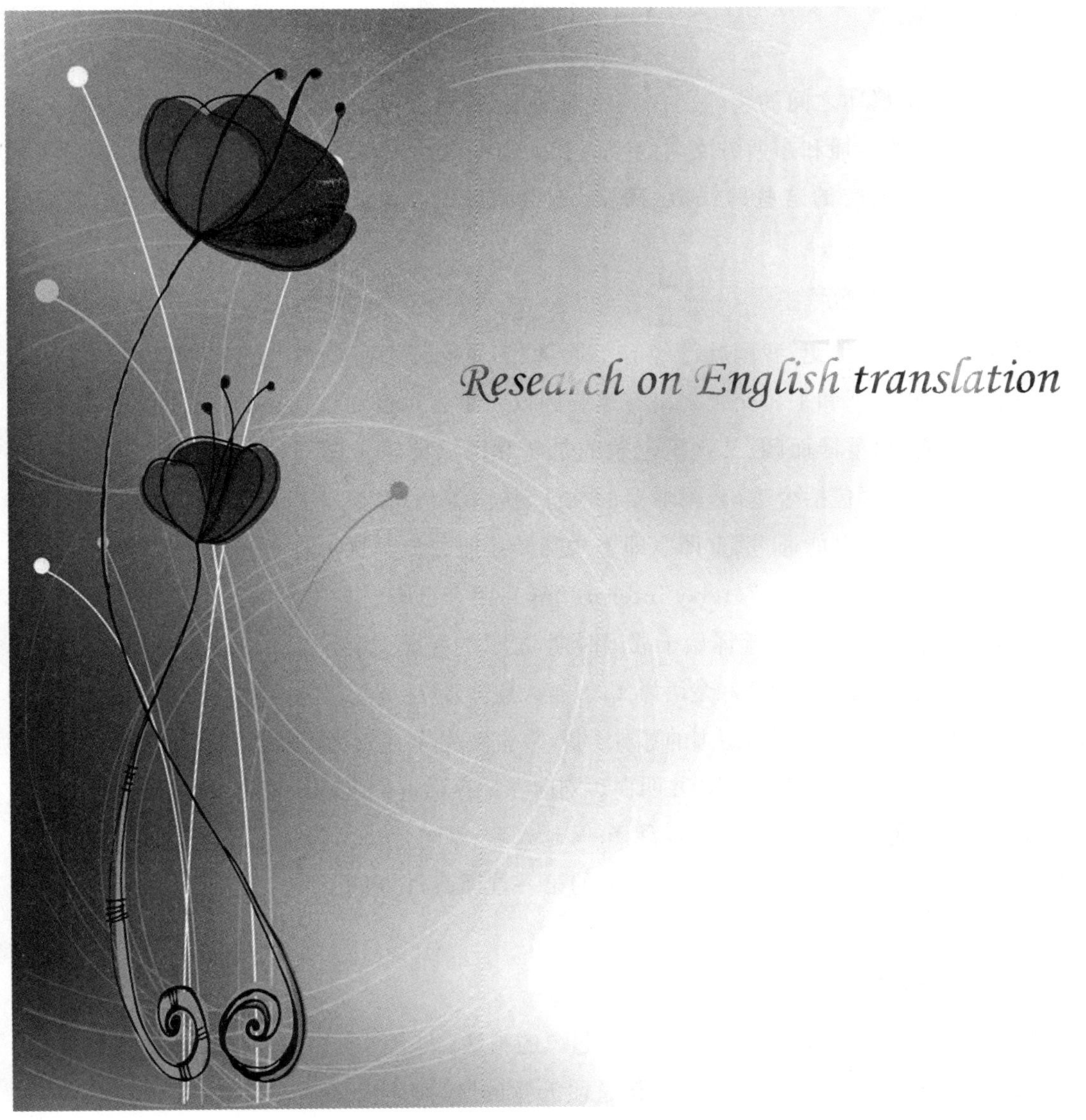

第一节　翻译的产生与发展

一、翻译的产生

翻译作为一种语言活动，其产生源于使用不同语言的民族的交际需求。原始部落时期，人类经济和文化活动要想进一步发展就必须打破部落群体各自为政、自我封闭的社会形态，进行贸易和文化交流，而在这种跨民族交流的过程中，口译作为最直接、最便捷、最普遍的交际手段最先打破了这一障碍。严格意义上的口译，产生于不同民族、不同国家之间正式的贸易和外交往来，而在人类发明了文字以后，不同民族之间通过书面文字进行交流时，笔译才得以产生。

从不同部落群体之间的相互交往到不同疆域、不同民族之间商贸、文化、技艺的相互交流，从不同宗教的传播和东西方文明的交流到人类一次次的环球旅行和移民，这一切促成了翻译的诞生。而人类的这些跨民族、跨文化、跨疆域的活动，也大大促进了翻译的发展和繁荣。

(一)中国翻译的产生

早在公元前 11 世纪，我国就已经有了通过“多重翻译”而进行交流的记载。“周公居摄六年，制礼作乐，天下和平。交趾之南有越裳国以三象胥重译而献白雉，曰：‘道路遥远，山川阻深，音使不通，故重译而朝。’”这里记载的是越裳国派使臣来向周朝的周公赠献珍禽白孔雀。古越南越裳国(包括今越南、柬埔寨的林邑、扶南等地)在交趾之南，与中国相距遥远，语言不通，所以与中原只能通过“重译”，即多次翻译才能交流。这也许是世界上最早的口译记录了，也是最早的“转接传译”(relay interpreting)，距今已有三千多年的历史。

据文字记载，我国最早的笔译始于战国时期，最早的翻译文字作品是西汉刘向在《说苑·善说》中记载的一首包括越语原文和楚语译文的《越人歌》。楚越虽是邻国，但方言不通，交往需要借助翻译的帮助。公元前 528 年，楚国的鄂君子皙，乘船夜游，有越女为他驾船。越女拥楫唱了一首歌，因是越语，子皙听不懂，经过翻译才明白。刘向在记存歌词的汉语译意的同时，保留了当时人们用汉字录记的越人歌唱的原音，未经翻译的《越人歌》原词为 32 个字，翻译成楚歌后变成了 54 个字。这首《越人歌》是我国历史上流传下来的第一首译诗，它和楚国的其他民间诗歌一起成为《楚辞》的艺术源头。

(二)西方翻译的产生

《圣经·旧约》上有着这样的关于翻译起源的神话：人类的祖先最初是没有沟通障碍的，因为都讲同一种语言。他们希望建立起通往天堂的“巴别塔”，因而进行联合。但这一行动

在上帝看来是人类虚荣心在作祟。如果人们因为讲同一种语言，在很好的沟通协作中就能够建起这样的巨塔，日后还有什么办不成的事情呢？为了阻止人类的计划，上帝决定让人世间不再使用同一种语言，相互之间的语言不通，彼此的协作出现问题就会产生矛盾，人们就无法建成巴别塔。这个故事从某种程度上解释了世上出现不同语言和种族的原因，被看作是引发翻译需求的事件，也是对翻译理论与方法进行讨论的导火线。

巴比伦文“巴别（Babel）”一词是“神之门”的意思，而在古希伯来语中它却是“混乱”“变乱”的意思。公元前 586 年，新巴比伦国王尼布甲尼撒二世灭掉犹太王国，使犹太人沦为修建巴比伦城的奴隶。亡国为奴的犹太人因为愤怒而将巴比伦人的“神之门”看作是罪恶的象征，并对其进行诅咒。再加上当时巴比伦城里的居民讲的远不止一种语言，可以推断《圣经·旧约》的作者把“语言混乱”与上帝对建塔的惩罚相联系。

据对文字的考察，西方最早笔译活动之一则可追溯到距今 2,200 多年的约公元前 250 年，罗马人里维乌斯·安德罗尼柯（Livius Andronicus）用拉丁语对荷马史诗《奥德赛》进行翻译。罗马在军事、政治上征服了希腊，开始大规模地翻译希腊的典籍。正如翻译及语言教学史学家凯利（Louis Kelly）所言，西方文化的发展得益于古罗马时期的翻译，真实借助翻译才使得古希腊文化能够在罗马发扬光大，进而使得后世欧洲各民族的文明得以充实和发展。

（三）翻译的词源

“翻译”“口译”一词在不同时代、不同文化中有着极为不同的含义。

1. 不同文化中的“翻译”

拉丁语 Translatio 是 translation 的原型，其字面含义是 to carry over on the other side，“将……搬运到另一方”。其语义可以是①被搬运的东西（x）保持不变；②涉及两个语境，原文语境和译文语境。被搬运的对象（x）从原文语境跨越边界转移到目标语境。传统上把这个边界看作是语言边界，也可能有不同的界定。x 通常指的是意义，均质欧洲语中强调跨越差异边界而保持一致、相同与相似。

希腊语 metapherein，拉丁语 transferre，英语 translate，其隐含的认知图式是把 x 搬运走，行动者就像信使和 x 一起搬运走。

德语 übersetzen，瑞典语 översätta，行动者站在源头这一边，使 x 过去，x 被转移远离行动者，译成与行动者不同的另外一种语言。法语 traduire，意大利语 tradurre，西班牙语 traducir，俄语 perevesti，词源上看是行动者引导 x 跨越，即是说行动者在 x 前面带路使 x 朝行动者靠近。芬兰语中“翻译”的动词形式 kääntää，基本意思是“翻”或“转”，译作“转变、转向”，这与均质欧洲语差异很大，它强调差异，强调新的方向，进入一个新的语境，而不强调保持一致、维持同一性，其寓意是存在某种转变。芬兰俚语中 kääntää 还有“偷”的意思，翻译是一种偷盗行为，改变了所有者的身份与属性。这让人想起译者的先祖赫尔墨斯，也是偷盗之神。

汉语中的“翻译”之“翻”由“反切”之“反”引申得名。汉魏时代称“翻译”为“译”而不称“翻”,因为那时主要是外来僧人口述佛经,汉人还没有独立译经,只是参与笔受,不需要拼读梵语或西域的佛经文本,所以沿用汉以来的通称“译”,也就是不同语言之间词句和词句的直接转换。东晋出现了用“翻”来指代“翻译”,这时已有汉人自译佛经,通过对其字母的仔细拼读才能得其音节词句,并用汉字来为佛经翻译中所使用的梵文、西域文字字母注音,按中国本土文化理解为“反语成字”,用汉语表示拼音的“反”来表示字母的拼读,再由此引申指代以字母拼读为特征的佛经翻译,写作“翻”,区别于中国传统的用两个汉字合起来为一个汉字注音的“反切”之“反”。

英语中的“口译员”与“口译”来自拉丁语,其词源是“价格之间”(between prices),源自贸易的货物交换,口译站在价格之间,确保适当的等值。这个词源强调口译的协调者角色。芬兰语中的“口译”tulkata,源自瑞典语 tolk,最初的意思是“说”“有意义”。芬兰语与现代英语中的笔译概念与口译不同,但这两种语言都强调介入的观念,而不强调差异或相似,口译从词源上讲就是与笔译不同的活动。

2.不同语系中的“翻译”

(1)南亚语系中的“翻译”。南亚语系中,越南语中的“翻译”与汉语同源,强调差异,dich 意思是“改变、转移”;phiên-dich 指“翻飞、颠倒、里面翻到外面”;thông-dich 指“洞察、理解”。“口译”làm thông-nôgn 强调调停。印度尼西亚语借用阿拉伯语中的“翻译”menterjemahkan,也使用 manyalin,即“复制”“转换”,强调调停与相似。“口译”mengalihbasakan 指“改变语言”。泰米尔语中“翻译”与“口译”使用相同的术语 molipeyarkka,强调差异、语言的改变。

(2)印欧语系中的“翻译”。印欧语系中的“翻译”一词,差异也很大。现代希腊语有两个不同的术语,“翻译”metafrazo 就是“跨越……而说”,似乎强调差异;而“口译” ermeneo 就是“解释、协调”;“口译”tlumoāit 来自阿拉伯语,强调协调。乌克兰语中的“翻译”perekladáty “带过去”。斯洛文尼亚语 prevajalec 既指“翻译”也指“口译”,表示“带过去”。梵语中表示“翻译”的词有好几个,“译者”bhāsāntarakāri 表示另一种语言的创作者,强调差异;Chāyānuharanam 指“自由的翻译”,也指“模仿、反射”,强调相似性;anuvādah 指“跟着说”“解释”,强调协调。“口译”dvibhāsātvātdî 指“讲两种语言的人”,bhāsantārāvaktā 意思是“讲其他语言的人”,强调的是差异。印地语中的“翻译”anuvād 指“跟着说、解释”,强调协调,“口译”dubhāsiyā 指“讲两种语言的人”。

(3)乌拉尔语系中的“翻译”。乌拉尔语系中,匈牙利语中的“翻译”forditani,其字面意思“把……翻到另一面”,也是强调差异性;“口译”tolmácsolni 和“口译员”tolmács 源自小亚细亚胡里特人(Hurrite)的语言,指站在中间的协调员,把口译看作协调。阿尔泰语系中,土耳其语中的“翻译”tevirmek 字面意思是“改变”,也可用动词 tercüme etmek,它源自阿拉伯语,强调调停。日语中的“翻译”honyaku,hon 基本意思是“翻、翻转、翻飞”,yaku 指“替换词”;“口译” tsuuyaku suru,tsuu 指“通过、传输、交际”,其显著特征是保存相似性。韩语中的“翻

译”tong yeok hada 与“口译”dong si tong yeok hada 都强调调停，tong 意思是“传输”“交际”，yeok 指“解释”。阿拉伯语中的“翻译”与“调停、引导”接近，“翻译”targamah，“译员”turguman 借自于阿拉姆语或更早的闪族语。英语中的同源词 dragoman 现在还指“引导”或“口译员”，动词“翻译”targama 也指“写传记”。

从以上“翻译”的词源可以看出，很多语言中，“翻译”与“口译”使用不同的术语，意味着这是两种完全不同的活动，“口译”比“翻译”更强调“调停”。不同的语言对翻译观念的阐释方式也不同，并非所有的阐释都像印欧语言中那样强调保存同一性。与其他语言相比，印欧语言对相似性更加强调，特别是在早期的宗教典籍翻译中甚至要求一致性。这也造就了在西方翻译理论中“对等”观念会起到核心作用，而要表示自由翻译时，则会使用其他术语如“改编”。

斯特柯尼（ubaldo stecconi）提出翻译的符号学特征具有以下三方面的共性：①差异性：语言不同，意义完全等同不可能；②相似性：原/译文本间一定有相似关系；③调停：译者居于两者之中进行调停。

这些特性为所有翻译所具备，但“翻译”一词的确切含义需要在对历史上翻译过程与翻译结果的研究中去发现，而不是预先给定、一劳永逸的，也更不是不证自明的。

翻译的发展以目标语文化的需求为根本出发点，在由宗教典籍翻译、文学翻译到实用文献翻译的发展过程中，克服了阻碍交流的语言差异，打开了交流的通道，使人类社会从阻隔走向交往，从狭隘走向开阔，从封闭走向开放。然而人类却是在两千多年以后才明确认识到这一点。直到 20 世纪 70 年代，以色列学者图里（Gideon Toury）与德国的功能学派学者弗米尔（Hans Vermeer）才明确地提出：翻译是由目标文化发起的，是因为目标文化有所缺失，需要通过翻译来填补，翻译是在目标语情景中为某种目的及目标受众而产生的文本。翻译是一个具有自己特征的系统，是目标文化中的事实，一种具有特殊地位的事实，归属于目标文化。

二、文学翻译

（一）文学翻译的特性及地位

文学翻译丰富、深化了人们对翻译的认识。18 世纪出现了用“文学”一词用来指一种特定风格、文类的创作样式。文学起源于以劳动为核心的多种社会实践，在逐步的发展过程中与实用性相分离，从宗教的统治中解放出来，其审美功能得到了突出。综合中外论者对“文学”一词的阐释，我们知道文学具有以下有别于其他文体的主要特性：

（1）具有审美价值，其语篇功能主要是用艺术的语言叙事、状物、言情，达到感染人、娱悦人、教育人的目的。

(2)文学是语言的艺术,是用语言来反映生活、反映现实、表达思想、抒发情感的,是以情感为中心的。

提到文学,人们虽然无法具体阐述其含义,却可以明确地告诉你小说、诗歌、散文、戏剧等是文学。文学翻译就是把用一种语言创作的文学作品移注到另一种语言中去,这一过程中尽可能完好地保存原作品中所反映出来的社会映像,以使读者能够像读原作一样得到启发、感动和美的享受。从某种角度来说,一部文学作品不但是原作者的精神活动的产物,还是译者的精神活动的产物。

在世界各个国家,文学翻译都有着很高的声望,并且很多的百科全书和工具书都将翻译看作是文学翻译,从某种意义上而言,世界三大宗教的典籍本身就是经典的文学作品,对这些典籍的翻译也成为各民族文学翻译的开端。但宗教典籍的翻译毕竟更多地是以传教为翻译的目的,所以更多时候宗教典籍翻译是作为一种宣传教义的手段而存在,与强调审美的文学翻译还是有着很大的不同之处的。但因其出现的时间较早,为后来的文学翻译积累了很多经验和理论,为翻译打下了坚实的基础。

随着第二次世界大战结束,各国各民族摆脱了殖民者的统治获得独立,并开始出现日趋频繁的交往,而翻译也随经济、科技、商业等发展,开始以实用性文献为主要对象。当然,今天的翻译不再只有经典文学作品的翻译,还有其他如文学畅销书等商业性质的翻译。文学翻译的生产机制、文学翻译的评判标准、文学翻译的影响等,也都在发生新的变化。

(二)文学翻译的作用与功能

不同的历史时期人们的文学翻译观不同,并且随着时代的发展,文学翻译的作用与功能也在发生着变化,当然译者对待原文和译文的态度以及所采取的翻译方法和策略也随之发生着变化。早期的文学翻译的目的是使外来文化融入目的语文化,丰富目的语国的文学系统,对译作的美学标准极为强调,而对译文是否忠实于原文很少关注,译者有着很大的自由,可以对原文进行创造性的使用,通过增加新词来使得本国的语言更加丰富。西方翻译史上的第一个翻译高峰就是罗马人对希腊文学作品、哲学著作的翻译活动,但在翻译中,罗马译者对原作随意删改,丝毫不顾及原作的完整性。

在中西文学翻译史上都存在着一个使用本土大众的语言来翻译文学经典的过程。这种翻译趋势不仅使得民族语言的地位得以提高,还使得民族语言得以丰富。在西方翻译史上,文艺复兴时期使用民族语言而非拉丁语来翻译文学作品。这一过程在中国的文化史上就是变古代白话为现代白话的新文化运动。在这项将日常言语提炼成文学语言的运动中,文学翻译起到了重要作用。为了传播新文化、新思想,译者不断发现新的文学领域,挖掘新的文化遗产,将新的思想移植到本土。此外,他们还努力把外来语的语言结构、新的写作手法和风格引进到目的语中来,以丰富其语言结构和创作风格。可见,在这场运动中文学翻译成为革新本国文学观念、引进新的文学样式、变革文学创作的主要手段。翻译的目的是为了寻求

新的创作模式，译者从自己的意愿和需要出发，对原作的内容进行删节、增添，乃至“改造”，使其故事情节、人物形象本土化，这在中西文学翻译史上也是普遍存在的一种文化现象。

文学翻译把各国文学宝库中的精华“输入”到本国或“输出”到他国，不仅积极地推动了各国文学的发展与演变，还大大地拓宽了文学的创作疆域，使得文学创作过程中融入异域特色及风格已司空见惯。比如中国现代文学的产生和发展，在很大程度上也受到所翻译的外国文学的影响；美国诗歌创作从翻译中国古典诗词中学到了“意象迭加”等技巧，激发了美国新诗运动意象派诗人的灵感。

（三）文学翻译的目的性

通观中外文学翻译史，可以看出文学翻译往往会带有很强的目的性。译者使用何种翻译策略来翻译哪些作品都深深地受到主流意识形态、主流文学观念以及译者本人所追求的翻译目的的影响。比如五四运动之前中国对日本文学的翻译，看中的不是文学本身的价值，而是文学所具有的功用价值；梁启超为开启民智、救亡图存，以服务于当时维新变法的宣传而翻译政治小说。鲁迅将翻译作为一种同现实作斗争的手段，翻译法捷耶夫的《毁灭》是由于中国需要“铁的人物和血的战斗”，翻译果戈里的《死魂灵》是“因为其还藏着许多活人的影子”，其目的是通过这些文学作品的翻译来批判中国的黑暗现实。林纾通过改写原文而使其更符合当时中国读者阅读习惯，主要体现在情节生动、能调节气氛、愉悦读者，而非信实地传译西方文学。林纾的翻译造就了中国翻译史上的一大奇观：一个不懂外文的翻译家，却翻译出了数百部外国文学作品，而且还影响了几代中国读者。傅雷用翻译来给予读者精神上的慰藉和帮助，比如他翻译《约翰·克利斯朵夫》，希望给探宝的人做一个“即使不高明、至少还算忠实的向导”。

（四）文学翻译者的贡献

文学翻译家通过对文学翻译复杂性的研究对自己的翻译经验进行了理论层次的思考，从而进一步丰富和深化了对翻译的认识。翻译研究中出现的许多大问题尤其是理论方面的问题都或是以文学翻译为对象，或是由文学翻译引发的。文学翻译要求译者具有作家的文学表现力和修养，以便对原作有深刻的理解，从而能够很好地来把握原作的精神实质，将原作形式与内容浑然统一的艺术意境传达出来。

由此可见，文学翻译首先是一种创造性的艺术活动，在忠实于原作的前提下对原作的艺术美进行再现，被喻为“戴着镣铐跳舞”的艺术。因此，对文学翻译的认识，除了意义的传递外，还需要考虑题材、体裁、思想、意境、风格、技巧、篇章结构、审美效果和遣词造句等，随之产生了诸如可译性、归化、异化、仿译、神似、化境等翻译的概念。

此外，译者在对文本的接受和创造过程中使文学文本获得真正的生命。译者因知识结构、心理结构、个性气质、审美意向和鉴赏定势的不同，面对同一文本会翻译出不同的译文，也折射出译者的才情与个性，产生了译者风格、译者主体性、复译、翻译批评等概念。

随着人们对翻译性质的认识日益深入和文学翻译水平的日益提高，尤其是随着文学经典名著逐步成为各国文学翻译的主要对象，译者开始逐步树立起以传递世界各国优秀文学作品为己任的崇高使命感，开始认识到文学翻译不只是两种语言文字的机械转换，同时也要传递原作的基本信息，顾及原作的文学性和艺术性，译者既要对原作者负责，对原作负责，也要对译文读者负责。由此，中西翻译史上树立起了一系列各具特色的文学翻译观，如英国泰特勒的“翻译三原则”，中国严复的“信、达、雅”说等，这些文学翻译观一直影响至今。

三、非文学翻译

（一）非文学翻译的概念

非文学翻译（non-literary translation），也叫应用翻译（applied translation）、语用翻译（pragmatic translation），是一种不同语言间的转换行为，以信息传达为目的，同时考虑信息的传递效果。这是一种涵盖范围最为广泛的翻译，它的范畴包含政府公文、对外宣传、科技文献、商业经贸、社会文化等除文学以外的一切人们日常接触和实际应用的各种文本。

这种翻译在目的上较为现实甚至功利，要求译文能够达到预期的功能，在多数情况下是一种应客户要求的职业服务，目的是让不熟悉源语的读者了解文本信息内容，并有一定的报酬。

（二）非文学翻译的历史发展

历史上，在每一个帝国形成过程中，都会伴随着领土的扩张出现各民族、各地区之间的政治经济文化交流，而为了更好的统治，每个帝国必然在科技、外交、军事、文化、法律、商贸等领域存在大量的翻译活动，而一次次的非文学翻译的高潮就这样在客观上得以形成。

1. 古代中西方翻译

从汉代张骞和班超出使西域，开拓陆上与海上丝绸之路，到明代郑和七次下西洋，在对外关系上一直处于积极主动的活跃地位，这一过程自然离不开翻译。可以说翻译在中国与亚洲其他国家乃至欧洲国家的外交活动中做出了重要贡献。

在西方社会历史上，各帝国有着不同的情况：

（1）波斯帝国统治时期，伊朗语、波斯语、巴比伦语为当时领土范围内的通用语言，由此可以推论，这些语言之间的交流必然需要以翻译作为中介。

（2）罗马帝国时期，采取了共同语言政策，即在东方各省用希腊语，在西方各省用拉丁语。

（3）中古时期的拜占庭帝国，拉丁语主要应用于法律文献和实用技术领域，而在教学领域中，希腊语是通用语言，在哲学、文学和古罗马的法学教育中，希腊语也占有重要地位。

（4）阿拉伯帝国时期，通过翻译引进了古希腊在数学、医学和哲学上的文明。

(5)16世纪直到第二次世界大战结束为殖民主义时期，翻译在欧洲商品市场的开拓上成为殖民压迫的一项重要的技术手段，成为欧洲商品市场得以开拓的重要武器。

(6)第二次世界大战以后，非文学翻译成为整个翻译生产的主流，并深入人们生活的各个方面，翻译事业得以真正繁荣，出现了真正意义上的职业翻译。

2.近现代中西方翻译

第二次世界大战之后，以计算机、互联网、通讯设备等为主的信息技术的飞跃发展，使得非文学翻译得以繁荣。

在过去，翻译和语言问题作为一种简单的文字转换活动被认为是无足轻重的，但改革开放后，随着产品进入国际市场，国际贸易日益扩展，翻译的重要地位越来越得到凸显，需要更多、更专业的人员将各种资料翻译为更多的语种，翻译和语言问题逐步显示出其重要性，越来越多的从事国际贸易的公司投入大量的时间、人力、财力，对其进行分析、管理。翻译获得飞速的发展，并逐渐成为一个新兴的服务性产业。

翻译工作的目标成为市场经济中的重要一环，变为怎样才能更快地解决语言障碍所带来的不便，以更低廉的成本，最快地达到客户的预期效果。随着计算机科技发展，计算机辅助翻译系统、文本处理、电子词典、数据库信息检索、翻译记忆工具等越来越被充分利用，而翻译的可靠性、一致性和印刷质量也越来越得到重视和提高。

在各种高科技的辅助下，翻译也逐步实现了自动化，表现为各种简单的、重复性的翻译工作已经交给了机器去做（这些占了全球待译文献相当大的比例），而译员只需监督修改机器的翻译成果。依赖于电子辅助工具，翻译的效率得到了显著提高，据相关统计，1994年至1997年间，欧洲的译员数量仅增加18%，而翻译量却增加了55%。

在翻译的人员上，我国古代主要是政府的官员如“象胥”“舌人”，他们在与外国使节的交往中，不仅要起到语言沟通的作用，还要作为历史的见证人，记录与外国使节的对话，从这一点上来说他们还起到了史官的作用。罗马帝国时期，从希腊俘虏来的奴隶成为当时的译员。从事宗教翻译的人员，主要是受过较好教育的僧侣。从事文学翻译的人，大多为作家或学者。到了近现代，非文学翻译数量迅猛增长的同时，对翻译的质量与效率也提出了更高的要求，尤其是第二次世界大战之后的纽伦堡大审判、联合国的成立、欧共体的逐步发展壮大以及各种国际组织的产生，都需要大量高水平、专业的口笔译人员，才能确保各种正式交往无语言障碍、顺利进行，因此翻译的职业化时代来临了。

(三)翻译的职业化

翻译的职业化最初是从口译开始的，1919年巴黎和会的翻译人员从以前的双语口译者转向经过专门技能培训的职业译员，这被看作是现代国际口译的转折点。

1930年世界第一所商业翻译学院在德国创立。第二次世界大战后的纽伦堡审判和随后的联合国中的翻译人员是20世纪40年代初在日内瓦和维也纳设立的口译学校毕业的学员。20 世纪 50 年代初设立的国际翻译组织，如国际译联（FIT）、国际会议口译协会（AIIC），相继建立了口译的职业道德条例和职业标准。1957 年欧盟的前身——欧洲经济共同体通过了关于语言多样化的决议，各成员国都有平等使用本国语言的权利，各成员国的官方语言即成为这个组织的工作语言。随着翻译需求量的增加，笔译也逐渐成为专门的职业。

职业翻译的出现使得翻译活动远远超出了单纯的语言问题，而对意图、利益和权力关系有了更多的依赖。具体表现为译者在翻译时，客户的利益高于作者和目标读者。

当前在职业翻译的总量中，技术文本占据了 75%，很多如技术写作、内容管理、多语文献、软件的本地化的新型翻译领域应市场需要而产生，与之相应的是出现了一些如社区口译、视频会议、手语传译、译述、摘译等新的翻译模式，当然伴随而来的还有如对等、翻译纲要、翻译质量评估等新的翻译理论问题。那种“起活字典作用”的译者形象已经彻底转变，唯一不变的是译者能力的基本构成。因此，传统的把注意力放在学生翻译语言准确性上的翻译教学已经慢慢不符合市场的需求，随之是释意理论、目的论、译者行为理论等新的翻译培训方法与翻译理念的产生。

随着社会需求的扩大，对翻译人员的要求也更高，翻译从业人员需要通过正规培训，取得相关的社会认可的资历，并按照本行业所规定的守则和精神来进行翻译工作。基于这样的时代背景，学者对翻译教学和翻译理论的研究开始采用理性的、实证的方法，这就使得翻译变得有据可循，而不再是一件依靠语言天才、直觉、个人经验、传统来进行的事情，译者和翻译教育者都可以通过一定的学术研究方法来对专业上碰到的问题进行很好的解决。

随着学者对翻译的研究，翻译学（translation studies）逐渐发展成为一门独立的学科，对翻译问题的关注逐渐引起了学科内外众多学者的关注，不断产生了各种解释翻译过程与翻译结果的理论，这使得翻译研究成为一门显学。文学翻译作为翻译中的一部分，始终得到中外学者的关注，被认为是在智力上更富有趣味性和挑战性的。而非文学翻译所涉及的范围更加广泛，文本类型各异，要求多样，更需要有针对性的理论作指导，发挥理论的对策功能。

第二节　翻译过程

翻译活动的过程是一种有别于任何其他语言活动的思维过程，对于翻译过程这一种思维过程，不同的学者有着不同的看法。

孙致礼认为，对于翻译的过程，理解、表达、审校的阶段划分比较合理，对中国学生学习翻译更有指导意义。其中，理解是表达的前提，没有准确、透彻的理解，就不可能有准确、透彻的表达。对初学翻译的人来讲，在时间允许的前提下，对原文至少要阅读三遍。第一遍初读原文，掌握全文大意和中心思想，将疑难词做上记号；第二遍细读原文，查资料解决疑难问题；第三遍通读原文，做到完全理解原文的精神。

奈达认为，翻译的过程主要有四步：一是对原文进行解码，二是把原文信息转化为译文信息，三是对译文进行编码，四是对译文进行检验。在这里，奈达把本来复杂丰富的翻译过程简化成了近乎公式化的语言转化模式，但他并未回答译者对原文的解码有无重要影响、译者对原文信息转化为译文信息这个过程有无重要影响以及译者对译文的编码有无重要影响这些问题，而这些问题无一不与译者有着密切的关系，并且这些问题都不可能在纯语言的层面得到解决，只能靠译者根据具体的情况能动地加以解决。

斯内尔·霍恩比(Snell Hornby)认为，译文是读者以读者的身份理解原文作者的意图，并将这些意图再创造地传递给另一种文化的读者群的语言表现。译者无论作为原文的读者还是作为译文的作者，其所起的作用都是积极的、创造性的，这就涉及译者的主体性，即译者在翻译过程中对翻译文本的选择理解与对译文的表达。由此可见，译者对翻译的操作过程绝不仅仅是被动地接受原文和纯客观地再现原文，而是在基本忠实原文的基础上创造性地再现原文。

范仲英认为，理解和表达是翻译的两个过程，并提出“理解是前提，要准确透彻，要靠上下文，要靠广博知识，表达是关键”。此外，范仲英还提出了“阅读—理解—表达—检验”的翻译过程的公式。

具体来说，既要加强翻译技巧训练以及语言文化的学习，又要努力提高自己的翻译理论水平，充实自己对翻译作品的审美经验。总之，在翻译过程中，译者必须付出艰辛的努力，不仅如此，还要在不同的文化和语境背景下，充分考虑原文作者的情感和意图以及译文读者的需要和喜好，从而综合运用各种翻译原则，达成最好的翻译结果。

一、选择

对于翻译活动来说，首先涉及的是对翻译文本的选择。查明建、田雨为译者主体性所做的界定如下：译者主体性是指作为翻译主体的译者在尊重翻译对象的前提下，为实现翻译目的而在翻译活动中表现出来的主观能动性，其基本特征是翻译主体自觉的文化意识、人文品格和文化审美创造性。此外，谢天振在《译介学》中提出创造性叛逆的命题，其实也正是对译者主体性的认可和论证。

从一定程度上说，译者的主观能动性在译者动笔翻译之前就已开始发挥作用了。在这个阶段，译者的主体性主要体现在对翻译文本的选择，对翻译的文化、目的以及翻译策略的确定等方面，选择适当的翻译文本是译者开始翻译活动的前提。

对翻译而言，通常情况下，译者通过自己阅读或他人的推荐、评价等途径，形成对原作的初步印象，然后会自觉地调动自己的文化意识、鉴赏能力、审美情趣等已有知识结构，对这一印象进行初步的评价与批评。当这一印象与译者的知识体系相近或吻合的时候，译者多表现为对原文本的肯定与接受。反之，则表现出对文本的否定与排斥。可见，选择什么样的翻译文本，多是译者根据自己个人的喜好而定，体现出了译者强烈的主体意识。

不仅如此，翻译的文化目的也是译者在动笔翻译之前主观上已确认了的。翻译不仅是语言符号的转换，更是文化内涵的交流与碰撞，而译者正是这一交流与碰撞的倡导者和实施者。从文化层面上来说，文本选择得当也有利于译者主体性的发挥，使译者的风格自然地融于原作者的风格之中，从而产生成功的译作。翻译的文化目的在很大程度上影响着翻译策略的确定。基于宣扬本土文化的目的自然会使译者在翻译中凸显本土文化的优势，因而多采用归化意译的手法，而基于挑战本土文化的目的则会使译者采用张扬异域文化的风格，因而多采用异化直译等手段。

翻译的根本目的是借助翻译文本为译入语提供新的话语，支持或颠覆其主流地位。也就是说，译者在文化目的上有两种选择：一是引入外域文化来论证、坚固本土文化的主体地位，二是引入外域文化来挑战、质疑本土文化的正统地位。译者的选择取决于他对两种文化的感知和认知程度，这也是其主体性的重要体现。

此外，译者的读者意识也是影响翻译策略确定的重要因素。在读者对异域文化认识的初级阶段，译者要更多地借助本土文化来传播介绍异域文化的内涵；当读者对异域文化有了一定的认识后，其审美期待也必将随之提高，此时就不能再过多地依赖本土文化，否则就会显得很不合时宜。

二、理解

翻译的过程是理解和表达的有机结合。合理的翻译过程是正确理解原文，创造性地运用另一种语言，准确无误地再现原文的过程。

翻译的关键首先在于充分地理解原文所表达的信息。翻译初学者须遵循这一固有程序，认真完成理解、分层、表达、审核四个步骤，实现成功的翻译。

因此，正确理解原文是做好翻译的第一步。译者不但要了解原文的内容，还必须分析原文的内容是如何表达的。这是译者将原文转换成译入语前必不可少的准备工作。对原文分析得越透彻，准备工作做得越充分，翻译起来就越顺利，也越容易译出比较忠于原文的译文来。如果一见到原文，就匆忙动笔开始翻译，结果是译到最后都没弄清原文讲了些什么。

普通的读者阅读文章，只需弄清大意即可，甚至可以“不求甚解”，然而译者则必须彻底弄清每个句子、每个词、甚至每个音（如在翻译诗歌时）的意义，并找到它们之间的联系，对整个语篇的有机构成做到胸有成竹。有些文本的翻译与原文貌合神离，其部分原因就是没有吃透原文，也就是说，没有成功地解读原文。

此外，要想真正地理解原文，译者必须具有扎实的英语语言功底和有关的专业背景知识及熟知英汉两种语言文化知识，否则翻译出来的句子势必留有遗憾，不能准确地表达原文的意思。例如，美国一则可口可乐的广告：Can't Beat the Real Thing. 这句话的真实意义是

"挡不住的诱惑",如果译者没有理解原文,没明白这句话的深层含义,可能会译为"不能打败真正的商品"。从这则例子可见,译者首先要明白这是句广告语,广告的目的是宣传产品、打动消费者。又如:

This company is an international marketing company specializing in fertilizers, chemicals, cocoa, pesticides, coal, agricultural products and many others.

译文:这家公司是一个国际营销公司,专营化肥、化工产品、可可、杀虫药、煤炭、农产品及许多其他产品。

上述翻译是正确的,但是译者对 marketing 的理解只是停留于表面。首先,营销公司不能专营产品,market 作动词用有"销售、营销"的意思,比如,一个公司的"营销部",英语的翻译就是 Marketing Department。但是,上述例句中的 marketing 在这种语境中没有"营销"的意思,而是"贸易",也就是说,它的意思相当于 trading。因此,在翻译中最好将译文中的"营销"改为"贸易"。

翻译是对原文进行转换的过程。译者在阅读和揣摩原文时,就已经在考虑要如何将它"移植"到译入语的环境中去,所有可能会对翻译造成困难的词句都已经在译者的脑海里"登记注册"。这一点,在翻译过程中是非常重要的,可以说,没有这个"转换"过程,也就不可能有合格的译文。翻译者在准备翻译时,应该准确把握原文的意图,注意原文中的文化因素、形式、意义、风格以及原文的读者,要反反复复认真地推敲琢磨,直到产生满意的译文。

此外,翻译是一种跨文化交际,因此在非描述性文本中,往往充满了源语文化内涵的词汇或习语。这也是产生交际障碍的重要原因。原文的意图体现着原作者对有关题材或内容的立场与态度,而且所有文章都包含着作者的立场或看法,他们或是慷慨激昂,或是义愤填膺。这些都会淋漓尽致地倾诉自己的立场和观点,不仅如此,也可能运用比较隐晦的手法,在字里行间透出某种微妙的情感。

在英语中,类似的情况还有很多,如主语的选择,动词的时态、语气等,这些都是在分析原文时应注意的。在阅读原文、分析原文意图的过程中,可以摘录部分关键性的词语和句子,或在相应的地方做上标记,以便在翻译时予以特别的关注。因为,在对原文作者的意图或立场进行分析时,尤其是在翻译某些作家和诗人的作品时,特别需要注意语法结构特征。例如,有些作家在叙述时有时会用直接引语,有时会用间接引语,这也就是说,语法结构的选择也是作者表达自己的立场的方法之一。因此在翻译时要特别注意语法形式对意义的影响。

在英语中,有许多词汇和英美文化尤其是基督教之间有着千丝万缕的联系。一句看似极普通的话,很可能包含着西方妇孺皆知,而汉语读者却不甚了解的文化内涵。例如,Lamb of God 一词对有些读者来说就很难理解,因为他们根本就不明白"上帝的羔羊"究竟是指什么。另外,英语文学作品中的大量专有名词,如人名、地名甚至学校和某些公司的名称,往往充满了文化内涵。如说某人曾经就读于伊顿公学,则可能意味着他是个贵族;说某人来自伦敦东区，往往隐指他出身贫贱；甚至某人开什么车，穿什么牌子的衣服，喝什么牌子的酒都可能成为他的身份和地位的象征。这类东西，都必须在阅读原文时予以注意。

由于文章的形式、意义与风格各不相同，文章也不尽相同。比如舞台剧本在舞台上的人物造型和音响灯光等辅助手段的帮助下，通过丰富的对白和独白，将人物性格刻画得淋漓尽致。小说则可通过大量的背景介绍和细节描写体现人物的内心世界。同样，非文学性语言，如广告和辩论文章，则以其鼓动性见长；祈使性文本如政治宣传、法律文件，则擅长以精确的文字发挥自己的功能。

这里的形式指的是广义上的形式。大到体裁小到词汇形式的选择，都可以是译者关注的对象。就体裁而言，每一种体裁都有自己的优缺点。因此，在分析原文时，应确定其体裁。另外，译者还应认真分析原文的语言特点。在表达性文本如文学性语言中，作者个人的情感完全是通过他们独特的语言风格表达出来的。因此我们必须确定他们的语言特点，这对翻译时语言形式的选择是很有益的。描写性文本的语言特点较容易掌握。这类文本注重客观地表达各种信息，因此翻译时不必过多考虑原文作者的语言风格，只要按译入语中这类文本的要求翻译即可。总之，译者不能用一种风格去应付所有风格文本的翻译。

除了题材与体裁的不同外，不同的文章总是针对不同的读者或读者群，译文也是如此。有时候原文与译文的读者群可能会不一致。某些祈使性文本，如美国总统的就职演说，是对源语读者或听众说的，译者把它译成汉语，是为了让中国读者了解他说了些什么，并不是要读者照他的话去做。又如有的爱情诗，原文是写给某人的，二百多年后人们把它们译成汉语，读者的对象自然也变了。而描写性和表达性文本的读者群基本上是一致的，如科普文章是为一般读者写的，产品的说明书是为使用者写的，一般的文学作品是为大多数受过一定教育的读者写的。还有一些文章是针对某些特殊读者而写的，如儿童文学、妇女杂志、调查报告上的文章等，文中的语言特点和风格符合这类读者的特点或要求。

除此之外，若译文的读者群和原文的读者群一致，翻译时自然要尽量忠实原文。但如果两个读者群不一致的话，则要采用别的翻译方法，即以译入语读者为主的翻泽方法。例如，马丁·路德翻译的德语版《圣经》就是一个典型的例子。当时，希伯莱语和拉丁语的《圣经》的读者主要是神职人员和学者。马丁·路德为了向广大德语本族语说话者传教，将它译成了较通俗的语言，为普及基督教做出了巨大的贡献。

三、分层

英国翻译理论家纽马克(1988)认为，在表达的过程中，译者必须在四个层次上对原文和译文负责，这四个层次也即是粘着层次、文本层次、自然层次和所指层次。

(一)粘着层次

粘着层次主要是指段落和语篇对原文的忠实。每一种语言都有自己独特的衔接方式，

衔接方式实际上反映了本族语说话者所具有的独特的思维方式和能力。因此，在翻译时不可以完全照搬原文的衔接方式，而需要在充分把握、理解原文内容的基础上，采用地道的译入语的衔接方式去组织译文。

许多译文，看上去每个句子都是正确的，但是将它们放在一起意义却不通。这是因为，英汉两种语言在语法结构上，特别是词序上，差别很大。并且英汉句子的长短和标点规则也很不一致。英语的句子有时可能很长，从句多，译成汉语时需要注意断句和调整结构。总之，译文要通畅，必须在充分考虑两种语言的语篇、语法、结构、用词等差别的基础上，充分理解原文含义，然后再仔细地"衔接"好每个句子，使之成为一个连贯的整体。例如：

The English arrived in North America with hopes of duplicating the exploits of the Spanish in South America, where explorers had discovered immense fortunes in gold and silver. Although Spain and English shared a pronounced lust for wealth, differences between the two cultures were profound.

原译：英国人抱着和西班牙人开拓南美洲一样的动机来到北美洲，西班牙的探险者在南美洲发现了大批金银财宝。虽然西班牙和英国都同样明显地贪图财富，但是两国的文化却存在着很大的差异。

改译：当年西班牙探险者在南美洲发现了大批金银财宝。英国人来到北美洲的动机也如出一辙。尽管两国对财富的贪欲同样强烈，但是两国在文化上却存在着巨大的差异。

这个例子的原文是由两句话组成的，在第一句话中包含一个定语从句，原译将它放在主句的后面，结果两个句子之间的衔接显得非常别扭，整个段落支离破碎。然而在改译中，根据汉语习惯中按时空顺序组织句子的规律，译成汉语后将原文中的定语从句放在主句之前，这样整个段落就比较连贯了。

(二)文本层次

文本层次就是指原文的字面意义。但是，要表达同一个意思，可以有几种不同的表达方法及不同的词汇。任何翻译都不能离开原文，原文是翻译活动的起点，也是终点。所以，同一句话，用直接引语还是间接引语，用主动语态还是被动语态，有时候差别是很大的。

因此，在翻译时，必须多加思考。当然，由于英汉两种语言深受各自国家的文化影响，在语音、语法、语用、词汇以及句法各方面都有着很大的差别。如果完全按原文的字面意义逐字翻译，就可能产生不符合译入语习惯的，甚至是错误的句子。例如：

You flatter me.

原译：你拍我马屁。

改译：你过奖了。

这本是句客套话，因而其中的 flatter 一词并非"阿谀""奉承"的意思。原译就显得比较生硬。又如：

He is lying on his back.

原译:他仰卧着在他的背上。

改译:他仰卧着。

该句中 lie on one's back 具有“仰卧”之意。原译中加上了“在他的背上”等于是画蛇添足。如没有上下文,读者甚至会以为“他”躺在别人的背上。

(三)自然层次

初学翻译的人常常可能译出很别扭的译文来,除了译者自身文字功底弱以外,主要是由于选词用字照抄词典,忽视上下文是否合适,过于拘泥于原文的句子结构,如词序等。这就涉及自然层次的问题,自然层次是译文行文的基本标准。一般说来,所有类型的文本,译文都必须自然流畅,符合译入语的表达习惯。例如:

It takes ten minutes to get there on foot.

原译:需要 10 分钟才能步行到那儿。

改译:步行到那儿需要 10 分钟。

原译是完全按照原文的词序翻译,把不定式放在句末。汉语中虽然并非绝对不可以这么说,但总有些不太自然。又如:

She was dancing gracefully in the room.

原译:她正在房间里非常优雅地跳着舞。

改译:她正在房间里跳舞,舞姿非常优雅。

很多人看到英语单词中以-ly 结尾的副词时,在译成汉语时他们往往要加一个“地”,这并不符合汉语的行文习惯。

有很多初译者翻译出的文字不符合译入语的习惯.显得不自然。要想用地道的译入语文字表达原文的意思,必须在理解原文的基础上努力排除原文的干扰,做到既忠实原文,又流畅自然。译者在完成初稿以后,不妨先把它放在一边,过一段时间后,再去看看有什么不自然的地方,也许可以发现很多问题。

(四)所指层次

所指层次指译者对原文所指意义的把握。但是,有时候原文的字面意义并不是很清楚,因此,译者在翻译时,就必须透过这层文字的表象,抓住文字的本质,并用译入语把它们准确地描绘出来。这时,由于两种语言的差异,译入语的文字和原文就可能存在着一定的差异。例如:

The old man stood from the chair.

原译:老人从椅子上站了起来。

改译:老人站了起来。

原文指“老人”原来是坐在椅子上的,这时站了起来。然而,原译者却理解为他站在了椅

子上，显然错了。再如：

A：You alone here?

B：I'm saving myself for you.

原译：A：你一个人？

B：我在为你救我自己。

改译：A：你一个人？

B：我在等你呀。

这个例子是某电影中的一个场景，在一个舞会上，一位男子独自一人坐在边上看别人跳舞。这时一位女子上前问了他"You alone here?"这句话，意思是"你怎么没有舞伴？"男子的回答有点幽默的味道。这句话中的save这个动词和"救"毫无关系，因为他显然不存在任何危险。它的本意是"省下来"，意即：我（把自己省下来）不和别人跳舞是为了和你跳。当然，由于汉语中没有与之完全对等的词，所以只好退而求其次，把幽默的味道表达出来。

四、表达

表达是理解和分层的结果，但理解和分层的正确，并非意味着表达的通顺和确切。因此，基于这一点，就要求我们在表达时要灵活运用好翻译标准和翻译技巧，既要注意在语义和文体等诸多方面再现原文信息和风格，又要使译文流畅自然，符合译入语的思维方式和表达习惯，尤其是相关背景知识和文化内涵要处理妥当。

由于在表达过程中会对原文加深理解，有时甚至会对原文有新的认识。因此，在具体的翻译过程中，我们应该采取灵活的方法，不论是直译还是意译，只要是符合"忠实、通顺"的翻译原则，都是可取的，从而使译文更加忠实于原文。在这里我们建议对结构比较复杂的句子可以先采取直译的方法，然后再对直译出的结果进行加工润色。也就是说，译文既要符合原文含义，又要符合译文的表达习惯。

例如：

A dark horse candidate gets elected president.

一位名不见经传的候选人当选了董事长。

原文中a dark horse在汉语中找不到合适的词语来套用，因此只能采用意译法结合上下文把原文的意思表达出来。

五、核查

审核是对原文内容进一步核实，以及对译文语言进一步推敲的阶段，翻译过程中，审核是必不可少的一个环节，也是翻译活动的最后一道工序。审核并不是简单地改错，译者必须认真对待这一环节。据估计，在整个翻译的过程中，核对花去的时间要占70%，其重要性由此可见一斑。核对包括两个方面，即校对和润饰。

校对主要有两个目的：一是补漏，即看看译文中有无遗漏之处；二是看看译文中有无如年代、人名、地名、数据、错别字，以及其他由于疏忽导致的“低级”错误等诸如此类明显的错误。

润饰是为了去掉初稿中的斧凿痕迹，即原文对目的语的影响或干扰，使译文自然流畅，更符合目的语的习惯。通常的做法是先抛开原文，以地道的目的语的标准去检查和衡量译文，并进行修改和润饰。改完以后再与原文核对一下，以免有“自由发挥”之嫌。在条件许可的情况下，最好能请别人挑挑错，因为译者本人往往受自身思维模式的束缚，很难发现自己的错误。

第三节　文化差异对英语翻译的影响

英汉在诸多方面存在着差异，而这些必然会对翻译造成一定的影响。美国翻译理论家尤金·奈达将将翻译中的文化因素分为以下四类：语言文化（Linguistic Culture）、社会文化（Social Culture）、物质文化（Material Culture）和生态文化（Ecology Culture）。以下就从这四个方面的文化差异对翻译的影响进行详细分析。

一、语言文化差异对翻译的影响

就语言来讲，英汉语言在词汇、句法、修辞等方面呈现出明显的差异，以下就针对其中的几个方面对翻译的影响进行简要说明。

（一）词汇方面

英汉语言中有很多的词汇有着丰富的文化内涵，而了解这些词汇的引申含义对于翻译来讲是非常重要的。例如，英语 as fit as a fiddle（非常健康）中的 fiddle 具有健康的含义，但汉语中与之相对应的“小提琴”却与健康没有任何关系；汉语中的“宠儿”表示“被人特别是父母喜欢的孩子”，而英语中的 favorite son 却指“被自己州所拥护的政治候选人”。可见，在翻译过程非常有必要了解词语的文化内涵，以免望文生义，造成错译。再如：

It was Saturday afternoon, and the landlady was cleaning the stairs.

那是一个星期六的下午，女房东正在打扫楼梯。

如果不了解英语文化背景，就很有可能将 landlady 错译为“女地主”。实际上，在英国经常有人将房屋分间进行出租，这样的人常被称为 landlord 或 landlady。

(二)句法方面

英语是形合语言,在遣词造句方面注重形式衔接,讲究结构完整,句子形式严格受语法的制约;而汉语属于意合语言,在句法方面注重意念连贯,不求结构齐整,不受语法的制约,句子形式较为随意。而这就要求译者在翻译过程中要特别注意英汉语言在句法方面的差异,以免造成误译。例如:

The many colors of a rainbow range from red on the outside to violet on the inside.

彩虹有多种颜色,外圈红,内圈紫。

As you sow, so will you reap.

种瓜得瓜,种豆得豆。

(三)修辞方面

英汉修辞在某些方面存在着相同之处,但也表现出一定的差异,而在修辞上的差异对翻译却造成不小的障碍。例如:

"... you had got to the fifth bend, I think?"

"I had not!" cried the Mouse, sharply and very angrily.

"A knot!" said Alice, "oh, do let me help to undo it."

"……你说到了第五个弯儿了,不是吗?"

那老鼠很凶很怒地道:"我没有到!"

爱丽丝道:"你没有刀吗? 让我给你找一把吧!"

(赵元任 译)

原文中通过 not 和 knot 两个单词的谐音到达双关作用,在准确传达原文信息的同时也取得了幽默的效果。通常情况下,双关是不可翻译的,因为在汉语中很难找到相适应的词与英语单词谐音。但译者用汉语中的"到"和"刀"谐音,将原文的语言特色巧妙地再现了出来。

二、社会文化差异对翻译的影响

社会文化丰富多样、错综复杂,一个民族的历史、政治、经济、风俗习惯、价值观、思维方式以及社会活动的特点和形式等都是社会文化的表现。英汉社会文化方面的差异对翻译也有着显著的影响,具体体现在以下几个方面。

(一)思维方式方面

不同的民族往往有着不同的思维方式,英语民族多擅长抽象思维,善于用抽象的概念来表达具体的事物,这种思维方式在语言上的表现就是采用抽象表达法。但汉民族的思维方式与英名族正好相反,所以在翻译过程中需要将英语中的抽象名词具体化。例如:

Is this emigration of intelligence to become an issue as absorbing as the immigration of strong muscle?

知识分子移居国外是不是会和体力劳动者迁居国外同样构成问题呢?

原文中 intelligence 的基本含义为“智力、理解力”,muscle 的基本含义为“肌肉,体力”。如果直接译为其基本含义必然会造成言语不通,所以并没有进行死译,而是灵活地将它们译为了“脑力劳动者”和“体力劳动者”。可以看出,将抽象名词具体化后,整个句子理解起来就容易多了。

(二)风俗习惯方面

风俗习惯涉及的范围非常广泛,以下就从称呼和社交礼仪方面来分析风格习惯差异对翻译的影响。

在称呼方面,英语的称呼非常简单,也就 dad, mum, grandpa, aunt, uncle 等几种,而且多数情况下都是直呼其名。但中国十分注重礼节,称谓注重尊卑有别,长幼有序,而且一个称谓不止一种叫法,如“妻子”,英语中只有 wife 一种叫法,但汉语中则有“老婆”“爱人”等多种称呼。因此,在翻译时就要根据上下文推断文中人物的亲属关系,从而准确翻译原文中的称谓。

在社交礼仪方面,英汉民族也呈现出明显的不同。例如,在说客套话方面,中国人喜欢讲客套话,西方人则习惯实话实说。在听到夸奖时,中国人常会谦虚地说“哪里哪里”,西方人则会欣然接受。在收到礼物时,中国人常会说“何必破费”之类的话,而西方人却坦然地接受礼物,然后说“Thank you! I like it very much”。所以,在翻译的时候要对实际情况有所了解,切忌生搬硬套,望文生义。

(三)习语方面

习语是语言的精华,是民族文化的积淀,是人民智慧的结晶。习语有着明显的民族性,所以英汉两种语言中的习语存在着很多形似而意悖的现象,所要表达的意思与其字面意思往往没有直接的关系。因此,在翻译习语时一定要理解其蕴含的深层文化含义。例如:

He is the man who always wears two hats.

wears two hats 的字面含义为“戴两顶帽子”,但如果直接这样翻译会使读者难以理解。实际上,这一习语的深层含义是“一心二用”,如果了解了这一含义,原文的翻译也就变得很容易了。

三、物质文化差异对翻译的影响

物质文化所包含的内容是非常丰富的,同时英汉物质文化方面的差异也是非常明显的。例如,在饮食文化方面,中西方的差异就是显而易见的。西方人多以蛋糕、面包等为主食,而

中国人主要吃大米、面食等。所以,如果将 a piece of cake 按汉语的习惯译文“蛋糕一块儿”,肯定会令人费解。蛋糕在西方人的生活中十分常见,而且制作蛋糕对他们来说也是小事一桩,但对中国人而言,尽管蛋糕十分常见,但却很少制作,所以将其译为中国人比较熟悉的“小菜一碟儿”更为妥当。

四、生态文化差异对翻译的影响

一个民族所处的自然条件、地理环境等形成的文化就是生态文化。各个民族都生存在不同的自然环境下,不同的自然环境会影响不同民族对同一事物和现象的看法,而这种差异也会对翻译产生一定的影响。

例如,英国属于岛国,那里的人们喜欢航海,且航海业一度领先世界;但中国地处大陆,自古以农立国。因此,在比喻花钱浪费时,英语是 spend money like water, 而汉语却是“挥金如土”。这种对相同的含义有着不同的表达方式都是源于自然环境的差异。

此外,由于自然环境的差异,汉语的“东风”与英语 east wind 虽然意思相对,但内涵却截然不同。汉语中的“东风”象征春天,有“东风报春”之说,而英语中的“东风”因从欧洲大陆北部吹来,所以有“寒冷”“令人不愉快”的象征之意,所以“东风”往往是令英国人讨厌的。而这就要求在翻译的时候进行适当的变通,以准确传达原文的内涵意义。

综合上述内容可以看出,英汉文化差异对翻译有着重要的影响,它决定着翻译的准确性和合理性。所以,在翻译时不仅要通晓两国的语言文字,还要掌握英汉文化知识,并且要了解英汉文化之间的差异以及这些差异对语言理解的影响,这样才能使原文和译文达到语言意义和文化意义上的等值。鉴于此,在英语翻译教学中,教师就应向学生传授这方面的知识,切实提高学生的翻译能力。

第四节 文化翻译的原则与策略

一、文化翻译的原则

至于翻译是否有原则或者翻译是否需要一个原则来约束,不同的学者有着不同的见解。赞同“译学无成规”的大有人在,认为“翻译是一门科学,有其理论原则”的也不在少数,笔者较认同后者,以下谈谈文化翻译的具体原则。

(一)对所译文本有着深度的文化思考

在翻译活动中,应该特别注意对所译文本的研究与思考,关注读者的理解,充分利用副文本的形式，对所译文本进行阐释与解读，向目标读者介绍文本所蕴涵的文化特质与价值。对于副文本的价值，翻译界有过很多探讨，如高方就特别指出副文本对作家、作品进行介绍，或对社会文化背景、文化、社会差异加以分析，或对翻译障碍、理解难点进行讨论，对读者理解作品具有很大的启发。这要求一名译者有广阔的文化视野与人文情怀，心中有读者的期待。

(二)具备文化交流的意识

在新的历史时期，精神文明被提到了更突出的位置。译者作为文化传播的桥梁，在全球化的今天，应该拥有清醒的文化意识。经济全球化和文化全球化相当于一个人的两条腿，我们应该用两条腿走路，否则就不是一个健全的人。西方文化中的流弊，需要通过学习中国文化来克服，这也是西方有志之士转而向中国文化寻求智慧的动机所在。不同民族语言文化之间的交流，是一种需要。任何一个民族想发展，必须走出封闭的自我，只有在和其他文化相互碰撞、相互融合的过程中，自身才能得到发展。而在这样一个过程中，翻译始终起着重要的作用。译者不仅要把外国的先进文化引入中国，也要把中国的先进文化传播到外国去。中国文化走向世界，为的是丰富世界文化。要维护文化的多样性，使世界文化之水不断流动，使社会不断地良性发展，甚至于维护世界和平，需要译者在翻译活动中保持包容的态度。

二、文化翻译的策略

如何处理翻译中的跨文化障碍是文化翻译的一个重要问题，适合的翻译策略会使文化翻译变得简单。文化翻译策略中比较有影响力的是“归化”和“异化”。但是，在具体的翻译活动中，我们要灵活使用两种策略，当然可以综合使用。

(一)归化

所谓归化翻译，是指要求译者在翻译时无限地向目的语读者靠拢，采取目的语读者所习惯的表达方式传达原文的内容。

对于那些带有民族文化特色的成语与典故，可采用归化翻译。例如：

Fine feathers make fine birds.

人靠衣装，佛靠金装。

Talk of the devil and he will appear.

说曹操，曹操就到。

归化翻译能使读者产生一种亲切感，读起来舒畅自然。例如，“鸳鸯”如果译为“lovebird”就能给英语读者带来情侣相亲相爱的联想，而译作“Mandarin Duck”则没有这样的效果。再如，将“初生牛犊不怕虎”译为“Fools rush in where angel fear to bead”，就采用了英

语语族者的语言风格，显示出向英语读者靠拢的迹象，这样就能够更好地被英语读者所理解。

（二）异化

所谓异化，就是要求译者要时刻牢记作者所表达的内容和隐藏的意图，按照源语中被大多数人认可的语言风格重新表达原文的内容。换言之，异化就是将源语文本的“原汁原味”展现给译语读者。

异化翻译的指导思想来源于解构主义，它的代表人物韦努提倡导一种“反翻译”的思想，强烈要求译文与原文在风格上的高度相似，并要抵御目标语文化占指导地位的趋势。让目标语读者认识并了解源语文化，才是翻译的终极指导思想。例如，将 Kungfu 翻译为“中国武术”，将 Fengshui 翻译为“风水”，将“蹦极”翻译为 bungee 等，就是异化翻译的典型例子，这些翻译范例对于英汉文化之间的沟通大有裨益。

（三）文化调停策

文化调停策略是指将一部分文化因素省略不翻译，甚至将全部文化因素省略不翻译，直接翻译其中的深层含义。例如：

回头人出嫁，哭喊的也有，说要寻死觅活的也有，抬到男家闹得拜不成天地的也有，连花烛都砸了的也有。

Some widows sob and shout when they are forced to remarry; some threaten to kill themselves; refuse to go through with the wedding ceremony after they've been carried to the man's house; some smash the wedding candlesticks.

原文选自鲁迅先生的短篇小说《祝福》。在中国婚俗中，“拜天地”是一种特有的现象，且“天”“地”这两个字有着丰厚的文化内涵。在中国人眼中，“拜天地”就是所谓的婚礼。但是，如果用异化策略进行翻译，目的语读者显然是很难理解其真正含义的，因此将“拜不成天地”译成 refuse to bow to heaven and earth 显然不合理，而采用文化调停策略进行翻译，如译文所示，就将原作的意象进行省略，而直接翻译出原作的深层含义，这样目的语读者就能真正地理解原作的内涵，也能够获得与原作读者相同的感受。

（四）综合译

由于中西文化之间不可逾越的差异，原文和译文往往存在矛盾，如何最大程度地避免矛盾、避免误解，就成为译者选择翻译策略的主要动因。诗歌中特定的历史文化背景，成为传递原诗意蕴的最大障碍。例如：

旧苑荒台杨柳新，菱歌清唱不胜春。

只今惟有西江月，曾照吴王宫里人。

（李白《苏台览古》）

The Ruin of the Wu Palace

Deserted garden, crumbling terrace, willow green,
Sweet notes of lotus songs cannot revive old spring.
All are gone but the moon o'er West River that's seen.
The ladies fair who won the favor of the king.

（许渊冲　译）

该诗含有丰富的文化背景。“台”是古代吴国的宫殿，此处通过描写残破的吴国的宫殿来感慨朝代的盛衰，所以在翻译“苏台”时将其转换成“吴台”，就不会让缺少这一历史信息的西方读者误解。对于“宫里人”，译者运用解释性的策略，将其翻译为“受宠的女子”。这两处都对原文进行了变通，而不是直接翻译，这样有利于读者的理解。但是，对于比较容易理解的事物，译者还是选择直译策略。在翻译“旧苑”“杨柳”“西江月”等意象时，译者的直译策略最大限度地保留了中国文化的特征。

第五节　多元文化语境下翻译的精神与使命

我们必须清楚地认识到在当今时代，翻译所承担的使命和所应具有的精神，才能充分发挥出翻译在多元文化语境中的作用。在全球化进程不断加快的今天，翻译工作对于不同民族、群体之间的相互了解、尊重和相互补充起到了至关重要的作用。

一、以维护语言多元和文化多样性为历史使命

今天我们已经认识到，随着人类社会的发展，各民族之间必须进行文化交流。与此同时，维护语言多元和文化多样性对于维护各个民族文化的独特性，对于促进世界和平发展具有重大意义。维护文化多样性需要尊重差异并能保持差异；而文化交流必须依靠双方的一个共同点作为基石，没有共同点，很难真正进行对话交流。就像两个人，如果差异过大，没有一个共同点，是难以交流的。那么，在文化交流中要如何维护世界的语言多元与文化多样性？关于这个问题的答案，我们或许可以从联合国教科文组织总干事松浦晃一郎致2008年第18届世界翻译大会的贺辞中得到一点启示。“求同与存异这两个极端唯有通过翻译才能相互依存。”松浦晃一郎认为，“翻译是一种独一无二的工具，能够开通渠道，在个性与共性，多样化与对话之间找到契合点。”翻译的本质决定了它能够担此重任，就像孙艺飘阐述过的，翻译一般能突破过去文化思维惯性，并且丰富了本土文化资源，又打破文化的趋同与单一，演绎异域之美、融合之美，促使现代社会变革，促使人们勉力构建世界各民族和谐共存的文化生态。

历史赋予翻译活动的一个重要使命就是促成不同文化之间的相互理解，实现不同文化

的和平共存，所有的翻译工作者都要勇敢地承担起这一使命。由于翻译活动首先表现为两种语言之间的转换，因此，对于这一使命的承担首先体现在对待不同语言的态度上。世界上所有语言的表达力是相同的，也就是说，世界上所有语言的翻译能力也是相同的。奈达坚决拥护这一观点，为此，他才会在自己的翻译研究中提出“尊重语言各自的特征”并在翻译中“尽可能地挖掘它的表达潜力”这样的原则。谭载喜曾高度评价了奈达提出的这些原则，认为奈达帮助创造了一种用新姿态对待不同语言的文化的气氛，这促进了人类之间的语言交流和相互理解。法国释意派理论创始人之一塞莱丝柯维奇虽然对奈达的翻译理论在许多方面有不同的观点，但是在语言的翻译能力问题上，很赞同奈达的看法。她曾在许多不同场合强调：对于世界上任何一门语言而言，凡是能表达的，就是能翻译的。有了以上这些认识，翻译工作者在翻译语言时，对不同的语言要始终持有平等的态度。

事实上，很多人都已经认识到了历史赋予翻译的重任。中国外文局副局长、中国译协副会长黄友义曾经指出：“在全球化的今天，文明多样性仍是人类社会的客观现实，是当今世界的基本特征，也比任何时候都更加显得可贵。而维护人类文明多样性、促进不同文明间的对话与交融、促进人类的共同进步是各国翻译工作者义不容辞的使命和职责。”程章灿在《翻译时代与翻译精神》一文中也指出，几乎在现代生活中每个角落都能看到的翻译的身影，可以说当今就是翻译的时代，发达的互联网技术将“地球村”中的各种声音以飞快的速度呈现在我们眼前。由于翻译的功劳，我们不断地吸收着其他国家的新思维和新知识。在当今全球化的社会，翻译既是一种不同民族的语言之间相互理解、沟通、交流的手段，又是不同文化之间相互沟通理解、相互学习的桥梁。当我们发挥出翻译交流、沟通、传承、创造与发展的精神，便有可能承担起翻译的历史使命。

二、以促进文化交流为根本任务

翻译在世界不同文化交流的过程中扮演了不可替代的作用。德里达指出，“翻译就是那在多种文化、多种民族之间，因此也是在边界处发生的东西。”从某些角度来讲，翻译是不同民族及其语言之间交流的首要保证。翻译包括笔译和口译两个方面，它们都保证了持不同语言、不同文化的人之间的相互交流与沟通。可以说一部翻译史其实就是一部生动的人类社会的交流与发展史，无论是东方还是西方都是一样的。当下，随着全球经济一体化进程的不断加快，全球各国、各地的经济、科技、文化等领域的交流日益广泛，这些领域对翻译的需求也必然不断增加，翻译相对于以往也起到了日益重要的作用。

根据上文的阐述，我们把翻译理解为一种人类跨文化的交流活动。从这一理解出发可以看到，为了交流而创造了翻译，同时翻译也在一定程度上促进了交流。翻译这一基本的跨文化交流活动的本质，决定了促进交流是翻译的根本任务。一方面，交流首先意味着走向世界，让世界了解自我。在2008年于上海举行的第18届世界翻译大会上，国务院新闻办公室主任、第18届世界翻译大会组委会主任王晨在致辞时指出:“随着中国经济的迅速发展,中国国际地位不断提高,很多国家对中国的经济建设表现出极大的关注,希望了解更多的信息。翻译可以在这方面发挥巨大作用,在中外之间构筑起沟通交流之桥。”在这段致辞中,尽管王晨谈论的是经济交流,但是,这番言论同样适用于文化交流。另一方面,交流还意味着对世界的了解,最终吸收各国优秀文明成果,促进本国文明的发展和丰富。当然,一个不可忽略的事实是,对于接受者文化及其语言来说,外来文化及其语言中的新表现方法和新语言结构,必然会出现一定程度上的“反抗”或“冲突”。“异质”文化的输入之所以与接受者文化之间产生冲突,有很多方面的原因,其中价值系统的不同是最主要的原因。不过,文化交流过程中产生的碰撞和冲突,也是具有积极意义的,这样才能认识到文化的局限,也体现出了文化多样性,有利于各种文化的丰富和发展。因此,在翻译过程中,需要保持开放的心态、平等的态度,因为若完全“以我为中心”,随意对原作进行删改或改造,随意对“异质”元素进行“归化”处理,那就是从根本上违背了翻译的宗旨与任务。

第三章 多元文化碰撞产生的根源

第一节　中西思维方式的差异

思维模式在人的发展过程中起着非常重要的作用，什么样的思维模式就会导致与之相符合的行为方式。思维模式是指人们看待、分析、理解和认识客观世界的方法，思维模式的不同也会导致世界观、价值观、情感、态度和信仰等差异。中西方由于历史等原因，在思维模式上存在着很大的差异，这些差异无时无刻地体现在中西方人的工作、学习和生活中。相较而言，可以从三个方面详细比较中西方思维模式方面的差异。

一、中国人的思维模式

中国人的思维模式是经过漫长的历史和生存环境的变迁所形成的。概括起来中国人思维模式的特点有如下几点。

其一是善于形象思维。中国人善于形象思维，是指中国人在思考时总喜欢把内心的事物和外界的事物联系起来。这种思维特点是与中国的汉字历史分不开的，闫文培说，“这种思维极富情理性、顿悟性和直观性。注重意象，强调直觉与经验，忽视创建完整的理论体系。”中国古代的汉字是以具体事物的形状来表示的。例如，“山”字完全是按照现实中山的形象写出来的。“羊”字也是模仿了羊的形状。在文学作品中，中国人也往往喜欢用外部世界的事物来寄托自己抽象的思想。例如，中国人用月亮寄托自己的思念，苏轼的“但愿人长久，千里共婵娟”就是很好的例子。除月亮外，人们还常常用杨柳来表示情意缠绵。例如，唐代刘禹锡的《竹枝词》中“杨柳青青江水平，闻郎江上踏歌声”就体现了这种意境。

其二是善于归纳。归纳是指从具体的事物、事实、数据中归纳出具体的规律来。中国人在陈述自己的观点时也经常采用归纳法，即在表述自己的观点时往往罗列许多原因，然后才得出自己的结论。中国人在阐述一个问题时，多从具体的现象、特征和细节进行分析，然后概括总结上升到理论高度。例如，中国有句古语叫“天下乌鸦一般黑”。这句古语就是古代先人通过归纳法得出来的。也就是说，中国人的思维是“经验型”，所得出的结论都是经过反复的推敲得出来的。另外一句古话“顺藤摸瓜”，就是指善于在事物或现象之间找出各个要素之间的关联，这就是我们所说的“从特殊到一般、从具体到抽象”的思维方式。

其三是思维呈螺旋状。中国人的思维模式具有明显的间接性或迂回性，在思考时呈螺旋上升状。“只可意会不可言传”说的就是这个道理。中国人在说明问题时往往不开门见山，而是喜欢旁敲侧击，经常拐弯抹角地暗示主题。美国学者戴维斯说：“中国人撰写的文章往往是以笼统、概括的陈述开头。各个段落里常含有似乎与文章其他部分无关的信息。作者的见解或建议经常要么不直接表述出来，要么就是轻描淡写地陈述。”

思维模式是思维的具体体现，它在文化与语言沟通中起着桥梁性的作用，是文化心理各方面特征的集中体现，拥有不同文化传统或背景的人有着不同的思维模式。同时，思维模式也会对文化各要素产生制约性的作用。从实质上看，思维模式属于最为隐含的文化内涵之一，也是一个民族文化的核心。具体来说，思维模式既能反映民族文化的本质特征，又是构成民族文化的重要内容。在文化内涵的各个构成要素中，思维模式起着关键性的作用，它会决定人们的价值观念、行为准则和精神追求等。

在中国的文化中，传统思维模式的主要体现是直觉的整体性，也就是在认知事物时把其各个部分联合为整体，将它的各种属性、方面、联系等结合起来。在中国哲学中，“天人合一”是最基本也是最重要的命题，它是宋明时期的哲学家张载在成功把握中国哲学整体认识模式的基础上提出的。现代哲学家冯友兰也曾写到，“我们将一切物为有者，作为一个整个思想之，则即得西洋哲学中所谓宇宙观念。”可见，中国传统哲学把世界看作一个整体，人和自然、主体和客体都包括在一个整体之中。整体中包含了密不可分的部分，要了解各部分，必须先了解整体。因此，中国的思维模式趋向于整体性和笼统性，注重悟性，具有整体思维的特点。

此外，中国人在思维时，总是与外部世界的客观事物形象相联系，结合记忆里的相关物进行分析与思考，属于形象思维模式。中国的汉字很多都是象形文字，如“山”，其字形很容易让人们在脑海中勾勒出自然界里山的形象。在文学作品中，也体现着形象思维。例如，唐朝诗人张继写的《枫桥夜泊》：

月落乌啼霜满天，江枫渔火对愁眠。
姑苏城外寒山寺，夜半钟声到客船。

在这首唐诗中，就充满了极其丰富的物象和意境。在这种文化环境中，使得中国人逐渐形成了形象思维模式，即借助于文字的形象，紧密结合外部世界的相关物进行思维的心理过程和认知方式。

不仅如此，中国文化以人本为主体，无论是儒家还是道家的先哲们，都强调“人”的地位。例如，孔子的哲学以“仁”“礼”为中心，“仁”寻求人伦关系规范化，“礼”要求社会有序化。道家的代表人物老子也曾说：“人法地，地法天，天法道，道法自然。”可见，中国传统文化中关注的焦点是人道。这种人本文化在长期积淀中便形成了中国的主体思维模式。

中国的思维模式以整体性为基点，重领悟而轻形式论证，在观察事物时所使用的思维模式呈螺旋式，具有间接性。汉字易于勾起人们对现实世界里事物形象的想象或联想。中国人使用汉字的过程实际上就是使用意象化的语言过程，在此过程中，会逐渐形成螺旋型的思维线路，也就是间接思维模式。这种思维模式在书面语和口语中都有所体现。具体来说，受间接思维模式的影响，汉语在行文中经常是曲线运动。例如，中国女孩在谈恋爱时总是以间接、含蓄的方式表达自己的爱意，一般不会在公共场合做出过于亲昵的举动；中国商人在谈生意时，总是在饭桌上进行，在他们看来，招待对方吃饭或娱乐是一个很有效的迂回策略，有助于促进生意的成功。这些都与中国间接的思维方式有很大的关系。具体来说,在行文中经常以笼统、概括的陈述开头,然后在每个段落中以螺旋的方式对要表达的内容层层展开,在展开的过程中经常含有似乎与文章其他部分无关的信息,并不直接切入主题,作者的见解或建议在表达时也比较模糊。在口语中,也经常采用迂回的方式来暗示主题或意图,尤其是在不便明说或难以启齿、有难言之隐的时候,在和陌生人尤其是有重大利害关系的人打交道时也会采用此种方式。

二、西方人的思维模式

由于西方人的生存历史条件及环境与中国人有很大差异,这就决定了西方人逐渐形成了完全迥异于中国人的思维模式。西方人的思维模式有如下特点。

其一是善于抽象思维。西方人思考时完全脱离现实世界的物象,通过抽象的符号或文字来进行逻辑推理。西方人擅长的思维模式正好与中国人的思维模式相对,这种思维模式受西方的语言影响较大。西方的单词是通过没有意义的单个字母组合而成的,然后再通过单词组成短语、句子和篇章,其逻辑形式是"点—线—面"。

其二是善于演绎。演绎法是与归纳法相对的一种思维方式。演绎法讲究"由一般到特殊或由抽象到具体""先立论、后展开"。萨默瓦等人说:"大多数美国人采用演绎式的推理方法来解决问题,而来自亚洲文化的人士则往往运用归纳法。"西方人的这种思维方式可以在他们撰写的论文中看出来,西方人在写论文时开篇总有一个固定论点,然后再把论点展开论述。他们按着一定逻辑顺序、循序渐进、一气呵成地把论点中的问题进行层层剖析,显得逻辑十分严谨。

其三是思维呈直线型。西方人的思维呈直线型,这种思维形成的很大原因也是受其语言文字的诱导。上文中我们提到过西方人的文字逻辑形式是"点—线—面",这种线性连接的文字符号使得他们的思维路线呈直线型。这种思维模式与上述的抽象思维有很大的相同之处,例如,西方人写文章喜欢直奔主题;在商务谈判中也是直接说出自己谈判的目的,很少有寒暄的过程,也没有要与对方拉近距离的意图;男女相互爱慕时,女孩也会直接大胆地向对方表达自己的倾慕之情。西方人的这种直线型思维表现在西方人的直接、大胆、开放和外露的性格特点上。他们语言表达总是态度鲜明、干脆利落,绝不吞吞吐吐、拐弯抹角。

西方思维模式注重分析的逻辑性,也就是重视个体思维,指将一个完整的认知对象分解为各个组成部分,或者将它的各种属性、方面、联系分解开来认识。我国曾有学者指出,"中国人似乎更长于总体把握,而西方人则长于条分缕析;中国人善归纳,西方人善演绎;中国人强调群体,西方人强调个体……"例如:

这年头什么都要送礼,生要送礼,老要送礼,病要送礼,死也要送礼。

Nowadays you will have to give presents on almost every occasion: presents for

childbirth. On the birthday or the aged, to show your care when somebody is ill or some help to make arrangement for somebody's funeral.

在上面的两个例子中，汉语和英语表达的意思是相同的。其中，汉语用一句话把人的“生老病死”全部都概括了进去，在行文上偏于整体思维的体现。而英文的文段中对于“生老病死”的整体思维观念已经淡化了，突出了个体。与中国人的形象思维不同，西方人的思维比较重视理性知识，主张通过大量实证的分析得出科学、客观的结论。换句话说，西方思维是与外部世界的客观事物相脱离的抽象思维，具有浓厚的实证、理性和思辨的色彩，注重形式分析和逻辑推理。这一思维的形成受印欧语系的语言特征影响较大。

西方使用的语言是拼音文字，此类文字的有意义的最小语言单位是单词，它是由没有意义的字母连接构成的，再通过单词排列组成短语、句子和篇章。在组合词语、句子等时，都是以线性方式进行的，缺乏象形会意的功能，如 hill 这个单词只具备词义性，缺乏事物的形象性。形象思维很难在这种语系中生长，脱离于现实事物的抽象思维逐渐在这种环境中形成。西方文化以物本(客观事物)为主体，偏重于对自然客体的观察与研究。例如，亚里士多德认为“求知是人类的本性”，培根推崇“知识就是力量”。可见，西方人在认知时把自然作为焦点，他们不断地认识、探索自然，最终想达到征服自然、主宰宇宙的目的。西方人的客体思维模式在这种物本文化的长期积淀中逐渐形成。

此外，英汉两种语言在表达形式上一个明显差异就是被动与主动语态的使用。在汉语中，被动语态使用的范围相对狭窄，而英语中则广泛使用被动语态。从语言表达形式的生成机制来看，受到了主体与客体两种不同的思维模式的影响。在主体思维模式下的汉语中，由于主体是第一位的，很多情况下必须把主体说明。因此，主动语态在汉语中的使用较多，并以主动语态表示“隐含”的被动意味。即使在不以指称人的词为主语的句子中，也认为其中实际上“隐含”了人这一主体。客体思维模式下的英语在很多场合偏重事实或客体的存在，突出它们的地位。在不必说明主体或无法说明主体的情况下，往往使用被动语态来表达。从下面英汉例句的对比中，可看到因受到不同思维模式的影响，英汉中被动语态与主动语态使用的差异。例如：

我们每年都要庆祝劳动节。

The Labor Day is enthusiastically celebrated by us every year.

我们已经采取了一切可能的措施，以便对敌人隐瞒我们的活动情况，并迷惑他们。

Everything possible was done to conceal our movements from the enemy and to mislead them.

人民创造了历史。

History is made by the people.

此外，西方的思维对主体和客体在区分上比较严格，所以英语中的主动句和被动句的特征就很明显。例如：

The novel was written by a black woman writer.

A black woman writer wrote the novel.

不仅如此，西方客体思维模式下的英语，在行文中的突出表现是行为动作的主语既可以是指称人的词，也可以是指称物的词。例如：

听众对他的演讲印象很深。

His speech impressed the audience deeply.

The audience was deeply impressed by his speech.

上面这个例子是先给出一句汉语，然后对其进行不同主语形式的英语翻译。第一个英文句子替换了原主语“听众”，第二个英文句子保留了原主语。

西方人使用的拼音文字不易勾起人们对现实世界里事物形象的想象或联想，长此以往，思维线路逐渐发展成直线型，具有明显的直接性。比如：

The thought of returning filled him with fear.

想到还要回去，他害怕极了。

想到回去让他感到非常害怕。

这个例子是先给出一句英语，然后对其进行不同主语形式的汉语翻译。第一个汉语句子替换了原英语中的主语，第二个汉语句子保留了原英语中的主语。而按照汉语的表达习惯，第二个汉语句子是不可接受的。

通过上述两个例子可以很明显地看到，受主体和客体不同思维模式的影响，行为动作作主语的情况在英汉语中有所差异。西方的思维模式以个体性为基点，强调逻辑分析，注重形式论证，所运用的思维模式呈线性，具有直接性。西方式写文章时经常直奔主题。一般情况下，都是先提出主题，在展开时围绕该主题分点叙述，段落的意思有序、清晰地互相联系，而且段落中的每一个句子都是顺其自然地从前面的句子中产生出来的，段落展开呈直线型，整体上给人一种在原有内容的基础上向纵深发展的感觉。另外，作者的见解或态度在文章的开头就已明确提出，这与汉语迂回式的表达有所区别。在日常的交际中，乃至国际外交、商务谈判，西方人总是表现得较为直接、外露、大胆、开放，语言表达直截了当、干脆利落，态度鲜明。这些表现无不是受到直接思维的影响所致。例如，男女谈恋爱时，西方男女尤其是男子，很容易对异性一见钟情，在向对方示爱时，往往不加掩饰地直接表白自己的爱，相爱的男女也经常会在大庭广众之下无所顾忌地拥抱接吻。在商务谈判中，他们很少会有寒暄之类的过场，而是在一开始就开门见山、直奔主题等。

另外，直接思维与间接思维在语言的表达句式上也会有所体现。一般来说，汉语句式结构重心多半在后，头大尾小。英语句式结构多为重心在前，头短尾长。例如：

I met with the foreign teacher from Australia on the new campus at 8:40 yesterday evening, whom most of your classmates liked most.

昨晚 8 点 40 在新校区，我碰到了那位最受你们大多数同学喜爱的来自澳大利亚的外教。

第二节　中西价值观和世界观的差异

一、价值观的差异

价值观是指人们经过长时间形成的对事物的看法和评价的价值评估体系，又称“价值取向”。这种体系一旦形成就比较固定，不易改变。正如包惠南所说，它规范、制约着整个民族的伦理道德的标准、评价事物的尺度、行为处事的准则，乃至人们日常生活的方式。价值观念作为人们价值衡量的标准，指导或规定着人们的价值取向，对人们的观念和行为发挥着潜移默化的规范和指导作用。

价值观是人类在长期的思索、体验、观察中逐步形成的对外界事物的评判标准和道德准则，它的形成是一个长期的过程。中西方在历史进程中，在经济、生活习惯中都有很大差异。中西方在文化上的差异性，主要表现在以下这些不同的方面。

(一)时空观念

时空观念分为时间观念和空间观念两种。霍尔将不同文化的时间习惯划分为单元和多元两类，单元多指西方国家的时间观念，而多元一般指东方人的时间观念。这说明，中西方在时间观念上存在差异。欧美文化是单元时间的典型代表，单元时间文化认为时间是一条线，是单向的，因此在单一时间内只能做单一的一件事。该文化成员做事严格按明确的时间表进行，并强调阶段性的结果。他们认为时间是有形的，是“金钱”，因而讲究做事的效率。

东方人的时间观念是多元的，认为时间是由点构成的，因此可以在一段时间内同时做多件事情。该文化成员做事往往比较随意，没有明确的时间表，只强调在最终期限内完成所有任务，并不看重阶段性结果。他们认为时间是无形的，强调“以人为本”，不十分讲究做事效率。

所谓空间观念，是指人们在长期生活实践中逐步形成的、有关交际各方的交往距离和空间取向的约定俗成的规约以及人们在社会交往中的领地意识。相对于西方人来说，中国人的个人空间意识比较薄弱。原因是中国人长期处于人口稠密的拥挤环境中，长期以来人们已经适应了这种环境。而以美国为代表的西方人则正好相反，他们对个人空间的要求比较高。一般来说，西方人常年生活在地广人稀的宽松环境中，如果过于拥挤，西方人会感觉自己的领地被别人侵犯。

(二)社会人际关系观念

中西方个人和集体的这一差异也导致了中西方家庭观念的不同。在西方，由于人们更注重个人，所以在成家之后往往脱离父母独立生存。而在中国，人们更加看重家庭和亲情的作用，他们喜欢其乐融融的家庭生活，以“大家庭”生活为荣。因此，“四世同堂”常常为中国人所赞颂和称道。在中国，传统礼教是中国传统文化的主要代表，由于全力维护、巩固，这一制度已成为历经两千年来中国各朝各代封建统治者所尊崇的核心文化。传统礼教文化使中华民族凝聚力强劲，注重道德修养，以谦和忍耐、温良恭俭为美德，比较重视人际之间的温情，尊老爱幼、夫妻相敬、兄弟相亲等，这些文化使中国逐渐成为举世闻名的礼仪之邦。但也有缺点，如形成了“非我族类，其心必异”的盲目排外心理，造成了我国长期的封闭与落后，成为中国文化健康发展的障碍。虽然现在的年轻人独立意识越来越强，但浓浓的亲情意识和家庭观念已经流淌在中国人的血液中。从这些不难看出，西方崇尚的是个人主义，而中国崇尚的是集体主义，这就决定了中西方的社会人际关系观念有很大区别。

通过上面的论述可看到，中国人的政治观念反映在人际交往方面，即为伦理政治化和政治伦理化。其中的政治伦理化，就是在社会治理与调控方面坚持德治主义。在古代的很多人看来，人自身具有自我觉悟、自我行善的可能性，人的行为可以通过教化与感化矫正，因此要想实现人的行为调节可以通过伦理的形式。对于德治主义，我们可以把其理解为政治的基础和根本。如果从这个角度看，中国人的人际交往就是一种伦理政治，在管理与调控时主要是依赖君主与官吏个人的道德品质与人格，治理民众时所采取的手段也是道德感化。可见，德治的实质是人治。从前面宗法制度和专制制度的相关论述中，我们可以了解到，古代社会很大程度上都是人治。在人治社会里，最高统治者既是道德楷模，也是法律制订者。因此，在中国就比较缺乏法治主义传统，中国古代的法律在当时也仅被看作是“刑”而非“法”。人治无论是在立法还是执法时都具有很大的主观性、灵活性与情理性。在新时期，中国已经逐步进入法制社会的正轨，宗法、专制文化已经被瓦解，但传统社会文化的迹象依然有所保留。

在西方，几乎每个人都是个人主义者，每一个人都与其他人彼此隔离，都是以“我”为出发点思考问题。而在中国，儿童从小受到的教育就是每个人都是集体的一部分，要以“我们”为出发点思考问题。这就导致个人主义者的人际关系的典型模式是“自愿的、短期的、往来不密切的人际关系”，而集体主义者的人际关系的典型模式则为“非自愿的、长期的、往来较为密切的人际关系”。法治是西方社会的必然。在西方的社会行为、人际交往中，法律居于核心地位，在法治社会里，法律对社会与人起着制约、规范、调解与维护的作用。可以说，在这样的法治社会里，在实施统治时，所依据的是客观化的法规而不是主观意志的专断，在执法时强调法律面前人人平等，以法律为衡量一切的准绳。国家权力、政治统治不是指个人，而是指法律，并且法律有至高无上的权威。

二、世界观的差异

世界观是人们在社会环境和自然环境的影响下，历经各种社会和生产实践所形成的对

世界和人生的总的看法，也称“宇宙观”，具体来说，就是关于“我们是谁、我们从哪里来”“我们周围的世界或宇宙是什么，它们对我们的生存有什么意义”以及“我们该如何面对人生的思考”。由于世界各个民族之间的文化不同，这样必然会导致不同的世界观。闫文培说：“世界观是特定文化的思维模式的产物，同时又是特定文化得以产生的思想基础，但反过来它又会极大地影响特定的文化乃至思维模式，制约着人们的信仰、价值观、情感与态度取向等要素。”中国的世界观是以马克思主义学说为代表的共产主义，而西方国家的主流世界观则是西方资本主义。

(一)中国人的世界观

首先，中国人的世界观是以马克思主义学说为代表的共产主义世界观，它认为世界上之所以有贫富两极分化，其根源是资源的不合理分配。这种不合理分配在于资本家对工人的剥削和压迫。所以，要推翻资本主义社会，消灭私有制，走社会主义道路，只有这样才能消除剥削和两极分化，才能达到共同富裕。在中国近代，马克思主义学说不断发展和完善，对指导中国社会主义事业起到了很大作用。

其次，在个人与群体的关系问题上，中国文化把人看成整个社会关系的一个成员，是群体的一个分子，个人的命运、利益与价值只有通过群体的认同才得以体现，个人的存在只有通过对群体的负责才得以向社会昭示。换句话说，中国传统文化中比较强调个人与群体、与社会之间的统一性，在肯定个体存在和发展的价值观的前提下，强烈要求个人的存在与发展必须同整个家庭、整个社会的存在与发展统一起来。例如，在家庭中，父子、夫妻、兄弟三种关系有着最基本的要求：子服从父，妻服从夫，弟服从兄。服从便为孝，孝可以超出道德与法律，有的朝代在其法律中甚至禁止子告父，“违者不孝”，禁止妻告夫，“违者不睦”，告父告夫，均被列入“十恶”之罪。

此外，在中国文化中，“天人和谐”对国人的行为方式一直有着重要影响。例如，在古代，人们试图通过祭天换取人世间平安。随着历史的发展，人们逐渐产生了对自然和社会的理性思考，如通过观测天象来预言将要发生的事情等，虽然不太科学，但也体现了一定程度的理性。在天人和谐的文化精神中，其包括的思想内容十分丰富。例如，其强调人是自然的一个组成部分，自然运行的规律体现着人类社会发展的规律，自然现象是人类社会的征兆等。对于这方面的内容，主要包括有两个方面，其一是人的道德观念与自然理性的一致，其二是人的行为与自然运行的统一。这种思想文化对人类有一些要求，具体来说，人不能违背自然规律向自然索取，否则将导致对自然的破坏，自然对于人类也不是难以理解的异己体，而是与人类社会同出一源的认识客体。综观中国文化的演变，从总体上看，其强调的是人和自然的协调和统一。

(二)西方人的世界观

首先，西方资本主义认为财产私有制是最理想的制度，资本就是权力和财富，世界史就是经济不断发展、科技不断进步的历史，社会要不断发展就要更多地生产剩余价值。西方对财富的崇拜从西方近代史中就可以看出来，西方人的海外扩张和殖民就是很好的例子。西方人尤其是英国人以殖民扩张的方式在海外聚敛黄金和各种钱财，进行资本主义原始积累。此外，美国的西进运动也是西方对财富疯狂追求的表现。

其次，与中国的群体伦理本位文化不同，西方文化把个体看作社会的核心，把人看成具有自由意志的独立个体而存在于社会关系之中，没有个人的发展就没有整个社会的发展，强调通过个人的努力和奋斗取得自我的成功，以促进社会发展，促进整个人类社会历史的进步。在西方人的世界观里，这种以自我为中心的价值文化，讲求平等、自由，注重人格和尊严。这些理念与价值文化不仅对社会的政治结构产生了冲击，而且还渗透到社会生活的各个方面，对造就个人的创造性与开拓性，打造人的整体向上精神具有很大的促进作用。

但是，个体本位文化也在淡化着亲情关系，使人际关系冷漠，缺少人与人之间必要的交流和情感慰藉。而且由于家庭观念的淡化，造成家庭结构松散，不利于社会的稳定，有损于社会的向心力和民族凝聚力，同时，也对人的创造力的更大发展有着很大的阻碍。

不仅如此，由于西方文化是一种海洋文化，因此，在天人关系上，逐渐形成一种谋求驾驭自然、征服社会的基本文化精神。这种文化精神，实际上就是人与自然的二元。古希腊人面对惊涛骇浪、神秘莫测的大海，在产生畏惧的同时，为了生存，也激发了他们驾驭自然、征服自然的雄心，为了征服自然，对于自然规律必须要有所认识与掌握，为了达到这一目的，必须要借助知识。因此，可以看出，这一文化精神的形成，与西方的海洋文化有着很大的关系。

此外，在西方，热爱知识、探求自然，早已成为希腊人乃至整个西方人共同的价值取向。有关自然科学方面的书籍在古代的西方就已经有很多，如《物理学》《天体学》《动物史》等是亚里士多德早在公元前 4 世纪写下的。另外，欧几里得的《几何学原理》，阿基米德的浮力定理等也为西方的自然科学的理论发展奠定了基础。在征服、探究自然的过程中，除了理论上的成就外，不少仁人志士在实践中做出了不懈的努力和斗争。例如，哥伦布在探求自然中发现了美洲大陆；哥白尼发现了新的天体；麦哲伦环绕地球航行，得出了地球为圆这一结论等。

第三节　中西生活方式和交往方式的差异

最基本的生活方式和交往方式往往折射出文化的烙印，因此，中西方文化的差异同样也体现在生活方式和交往方式的差异上。

一、生活方式的差异

(一)饮食文化差异

中国和西方的饮食文化有很大差异,中国的饮食讲究色、香、味俱全,中国人比较注重饮食的感性和艺术性,追求饮食的口感,不注意其营养。人们在评价饮食时,主要从"色""香""味"三个角度出发。在中国人的饮食观念中,对"味"的追求很高。日本饮食专家木村春子对中国菜的味道有一番精辟的论述:"中国菜的调味,与其说多用单一的味,不如说更爱用复合的味;与其说喜欢突出某一种味,不如说更喜欢几种味相重叠后产生的味。中国菜的调味不只是使用几种佐料,而是在烹调过程中力图把鲜味、香味等味觉都调和在一起,从而创造出一种混合的味。"与中国的重味道有所不同,西方的饮食更注重营养的保留。西方人认为饮食的目的在于维系生命的健康,而不是享乐。他们特别讲究食物的营养成分。例如,蛋白质、脂肪、碳水化合物、维生素等的搭配是否均衡,这些营养成分能否被彻底吸收以及是否有副作用,卡路里的摄取量是否合适等。加热烹调会造成营养损失,那就半生不熟,甚至干脆生吃。在配菜上,毫无艺术可言,如牛排只有一种味道,鸡就是鸡,牛排就是牛排,纵然有搭配,那也是在盘中进行的。在滋味上,各种原料互不相干,各是各的味,简单明了。可见,对于食物的色、香、味,他们并没有太多追求。中国的烹饪方式多种多样,有爆、炒、煎、炸、蒸、煮、炖、扒、焖、焙、烩、烧、烤、腌、熏等。中国的这种饮食文化有着一定的历史渊源,具体来说,源于东方古老的阴阳五行学说。俗话说,民以食为天,食以味为先。所谓"五味调和百味香",五味指"酸、苦、甘、辛、咸"。但是在追求"味"的过程中却不注重"营养",这种对饭菜味道的过分强调有着一定的片面性,这样一来,食物的营养很难保留下来。而西方的烹饪方法比较单调,通常只有炸、烤、煮三种方法,这样能使食物的营养成分不易丢失。

究其原因,可以说,中国自古以来就是农业大国,加之人口比例大以及其他多种原因,其传统饮食习俗以植物性食料为主。主食是五谷,即稻、黍、稷、麦、菽等,以及马铃薯、山药、芋头等薯类作物。南北方在主食上也是有区别的,北方的人们以面条和馒头为主食,南方的人们以米饭为主食,通常多食"素菜"。传统上,中国人的辅食是蔬菜,外加少量肉食。据西方植物学者的调查,中国人吃的蔬菜有600多种,是西方人的6倍之多。从原始农业时期,就开始了蔬菜种植,现在的蔬菜品种数以百计。在副食中,荤类食物主要来源于马、牛、羊、狗、猪、鸡六畜。古代人是很少吃肉的,这一点在一些文献上曾有明确记载,如《孟子·梁惠王上》:"鸡豚狗彘之畜,无失其时,七十者可以食肉矣。"现在,随着人们经济生活水平的提高,肉在中国人的餐桌上早已不稀罕。此外,以热食、熟食为主也是中国人饮食内容中的一大特点。这和中国文明开化较早及烹调技术比较发达有关。此外,中国人经过上千年的积淀,已经形成了有名的八大菜系、各种地方小吃,真可谓是一大艺术。例如,北京的烤鸭、南京的桂花鸭、辽宁的满汉全席等。

相对中国这么丰富的饮食文化，西方的饮食明显单调得多。西方人在传统上以渔猎、养殖为主，以采集、种植为辅，荤食较多，吃、穿、用都取之于动物。西方在饮食结构上以动物类的品种居多，有较为发达的食品工业，如罐头、快餐等。食材主要是鸡肉、牛肉、羊肉和鱼等，可以说，肉食在其饮食结构中的比例一直都很高。近代，西方人的种植业比例一直在增加，但是与中国人比起来，肉食在其饮食中的比例仍然很高。另外，在西方人的饮食中，冷食、凉菜、冷色拼盘、色拉、冷饮等都是其最爱，这一点与中国的饮食有很大的不同。

不仅如此，中国的饮食文化与西方相比更加丰富，中国把“吃”或“食”字赋予各种引申意义，有许多关于吃的文化。例如，得到了好处叫“吃(尝)到了甜头”，受到冷落叫“吃闭门羹”，收取非法的营销提成叫“吃回扣”，欺负软弱的人叫“吃柿子专挑软的捏”。

此外，中国的饮食方式是大家团团围坐，也就是“合餐”，共享一席。在饭桌上，人们相互敬酒、相互让菜、劝菜。虽然这种饮食方式从卫生的角度来看存在明显的不足，但它与中华民族“大团圆”的普遍心态相符合，也体现了中国传统哲学的和合、二元互补的观念。而西方人在饮食方式上采用的是分餐制，其吃饭的核心在于通过与邻座客人之间的交谈达到交谊的目的。分餐制的一种具体形式是自助餐，该方式适应了现代社会快节奏的生活。

同时，合餐的方式也体现着中国的伦理观念，起着别亲疏、别尊卑的伦理功能。餐桌上体现着长幼尊卑、上下先后的等级观念。坐席的安排、斟酒的次序、敬酒的规矩有着严格的规定。例如，《论语.乡党》中说：“乡人饮酒，杖者出，斯出矣”，这体现了长者为尊的敬老习俗。人与人之间相互尊重、礼让的美德也在合餐中有很好的体现。而对于西方的饮食方式来讲，大家各取所需，不必固定在位子上吃，走动自由，这种方式对于个人之间的情感交流更加方便。从本质上看，分餐制体现了个性独立，也表现了对他人饮食行为和习惯的尊重。与合餐制相比，分餐制是二元对立的，体现了一种交流性的人际关系方式，这种方式强调个性独立，人与人之间构成一种相对宽松、自由的平等交流关系。

不仅是以上这些饮食观念、内容上的不同，中西方饮食方式的差异还表现在饮食工具上的不同。具体来说，中国人使用筷子用餐，喝汤、吃饭用碗盛。西方人是用盘子盛食物，用刀即切即吃，喝汤则有专门的汤匙。对中国人来说，筷子在古时候称作箸，箸的起源可追溯到殷商时代，《韩非子》中曾提到商纣王使用“象箸”进餐。东汉许慎的《说文解字》说：“箸从竹声”，说明筷子最初是用竹子做成的。其形状是用来取食的一端细而圆，另一端则粗而方。这种设计一方面与筷子的功能有关，另一方面则体现了中国传统观念中的“天圆地方”和“民以食为天”的观念。

而相较于西方，刀叉的出现比筷子要晚得多，使用时间只有四五百年的历史。刀叉的最初起源和欧洲古代游牧民族的饮食习惯有关，他们生活在马背上，随身带刀，往往将肉烧熟，割下来就吃。大约到了 15 世纪，为了改进进餐的姿势，欧洲人才开始使用双尖的叉，以便使进餐的姿势更优雅一些。

(二)服饰文化上的差异

中国和西方在穿着上也存在着很大差异,服饰作为一种无声文化,属于物质文化的重要组成部分。中国的服饰讲究仪表的修饰,中国素有“礼仪之邦”之称,所以说中国人穿衣是为了表达礼教观念,衣服是一块精神的布,中国人通过穿衣来掩饰人体的不足。在古代,中国的女士服装多为平面裁剪的袍衣,女性的体态和曲线在衣服的掩饰下隐约显露出来,能够引发人的丰富联想。此外,古代中国人还有通过穿衣来显示自己的社会地位的强烈愿望。

而对于西方而言,西方受古希腊和古罗马人体绘画和雕塑文化的影响很大,崇尚凸显人体的美,服装讲究立体造型,具有很强的人体表现能力。他们认为健壮丰腴的人体是最美的,所以西方的服饰设计大多是为了展示人体的线条。因此,西方的服饰大多能适合身体,能符合人体的高低起伏变化的需要。

实质上,中西方服饰文化存在差异的原因在于中西的观念上。同时,服饰特点也能对一个民族深厚的文化底蕴有所反映。中国是一个礼仪之邦,比较崇尚传统礼教,其服饰穿着通常是为了表现礼仪的观念。例如,中国古代服饰始终贯穿着“分尊卑,别上下”的主题。从冕旒、黄袍、龙袍、乌纱帽、补服到布衣,服饰成了分等级的图解。几千年来分等级的服饰原则造就了中国人高度自觉的服饰角色心态,文化水平高一些的人追求的是服饰的大方得体,不失身份,很强烈地表现了服饰的礼仪观念。直至今天,人们仍然深受这种传统的服饰观念影响。

众所周知,在西洋文化的历史中,受古希腊和古罗马文化中的雕塑、绘画等造型艺术和审美观的影响很大。再加上地中海沿岸温暖优越的自然条件,人们的服装没有必要紧裹人体。具体来说,西方有崇尚人体的传统,要求服饰能更好地表现和反映人体美。换句话说,在西方人看来,服饰必须为人体服务,通过服饰要能使人体显长掩短,装点得更美。这一文化观念的形成有其复杂的历史与地理原因。

此外,服饰也体现了自我调节与自我表现上的差异,服饰是人的内在品格的外化。古人讲“君子以玉比德”,在中国人的文化观念中,正统、淡雅的服饰标志着成熟、端庄和修养;娇艳、裸露的服饰代表着轻浮、浅薄的品格等。从外表来判断一个人虽说有些偏颇,但很多人都会比较自觉地认同这种观念。此外,中国人对服饰一般抱着“自尊”“自爱”“内省”的心理。因此,其对服饰的穿着比较注重自我调节,经常在新旧文化观念冲突的调节与外界观感的反省中寻求和谐。

相较于中国人对服饰的看法与认识,西方人则有很大不同。在他们看来,服饰必须讲究个性,这样才能显示自己在社会中的存在,以及自身存在的社会价值,所以在穿着上,西方人敢于标新立异。但西方的这种文化观念也存在着易走极端的弊端。例如,有些人为了追新求异,故意做种种破坏性的“创新”,如流浪汉式服装、补丁装,这些不值得我们借鉴。

(三)在建筑上体现出的文化差异

建筑是建筑物和构筑物的总和,建筑的发展标志着人类文明的进步。在建筑的发展过程中，文化赋予其丰富的内涵，没有文化就没有建筑的发展。可以说，建筑在实用性中承载着丰富的文化内涵。

由于气候、地理、交通、物产的差异，造或了建筑内容与形式的地域差别；由于宗教、政治、经济、民俗、社会的不同，造成建筑不同的时代风貌与审美追求，民族的性格与理想在其中也有所渗透。

1. 中国建筑的特点

中国建筑源于远古时期，在漫长的历史沿革中，取得了辉煌的成就。虽然在发展的过程中不断受到外来影响，但其民族特质并未丧失，始终渗透着中华民族的文化取向。中国的建筑特点主要有以下几个方面的体现。

其一是从建筑的材料上看，中国古代建筑是世界上唯一以木结构为主的建筑体系。当时由于建筑材料的限制，要想达到宏伟壮丽的建筑构型，就需依靠地势的高起、巨大的台基、层次的增加、建筑群的有机组合等，因而中国传统的建筑大都是城墙所包围的城郭，这是传统内闭式文化的集中体现。

其二是从建筑的格局分布上看，其主要以建筑组群的形式出现，这种组群布局规整、对称均衡、轴线突出、层次分明，给人以稳定和谐的艺术感受。具体来说，就是先将主要建筑沿纵线排开，主体建筑安置于轴线中部，再在轴线两侧依次安排一些相对次要的建筑。而且在安排设计时大都是以纵轴线为主、横轴线为辅进行的。这样沿着轴线进行建筑，使得建筑组群的布局既有对称、均衡之美，又有众星捧月之势，产生极强的烘托与对比效果，集中体现了传统文化的尊卑关系。

其三是中国建筑组群的性质和规模不同，例如，宫殿、寺庙等规范式建筑要求布局规整，对称均衡，突出轴线，错落有致，层次分明，这些要求体现了中国文化和谐稳定的审美理想、封闭自持的民族心态以及严格的等级秩序。此外，布局设计的要求也是不同的，在布局时还特别注意建筑群与自然环境的协调，使人与自然相沟通、相交融。比如，中国建筑群体很多是在依山面水，坐北朝南的地势而建。究其原因有两个：一是从科学上看，坐北朝南利于采光与避风；二是从中国的传统文化观念上看，坐北朝南是“天人合一”的具体体现，能够顺应天地之道，得山川之灵气，受日月之光华，颐养身体，陶冶性情。

最后，从建筑的成就上看，宫殿和都城的成就最高。可见中国人皇权思想突出，政治伦理观念对建筑起着主宰作用。

2. 西方建筑的特点

与中式建筑比起来，西方建筑在文化意识上确实存在不同。李泽厚先生曾认为，他们的“主要建筑多半是供养神的庙堂，如希腊神殿、伊斯兰建筑、哥特式教堂等”。因为，西方一直奉行“神”的文化观念，所以，一部建筑史可以说是一部神庙和教堂的历史。西方建筑的特点可以归纳为以下几点：

一是，在西方的文化观念中，建筑多为永久性的纪念物。因此，很多西方人在建筑时把

其看作在为一个永恒的世界服务，他们不惜经年累月地去创造，如金字塔、陵墓、神殿、教堂等，很多都是几代人花几十年到几百年的时间去完成的。例如，罗马圣彼得教堂建了120年，巴黎圣母院建了157年。

二是，西方的建筑体系以石结构为主。西方的石制建筑一般是纵向发展，直指上苍的。柱子在建设时起着关键性的作用，其目的在于将高密度的石制屋顶擎入云霄。因此，在西方建筑中，柱子是其基本词汇。西方建筑还有很多不同的风格类型，如罗马式、拜占庭式、希腊式、哥特式、巴洛克式等，屋顶的不同是区分的主要标准。

三是，西方很多建筑是即兴的、游戏式的产物，并不像中国的建筑那么正式，建筑的意识形态色彩比较浓厚。在西方，建筑师可以利用建筑对时代或现实进行赞颂、讽喻等，也可以把文化的焦虑寄寓其中。浪漫主义、现代主义和后现代主义对文学的影响深远，其手法在文学中广泛运用，建筑作为一种文化艺术也不例外。

总之，中西建筑有不同的生存土壤，文化也是不同的。文化处于不断的发展之中，同时，随着人类文化交往的日益频繁，中西建筑文化势必会相互影响。

二、交往方式的差异

由于中西方人性格特点、生活环境不同等原因，中西方人的交往方式差异很大。但无论是中国还是西方中的人们，在每一次交际中都离不开相互问候。问候语是交际双方见面时打招呼使用的语言，各种文化中都有自身的一套问候语系统，中西语言在问候语上也有各自的表达方式来促进人际关系。例如，在中国，人们见面时喜欢问对方的年龄、收入、家庭状况等；而西方人却视这样的做法为不礼貌的行为。他们认为这些都是自己的私事，不愿向别人提及。因此可以看出，一些交往方式在中国是合理的，而在西方却成了禁忌。此外，在迎客与道别时，中国人显得格外热情，中国人与客人见面时会握手或拱手作揖，有时候伸出双手握住对方的手来表示对对方的深厚情谊。此外，中国人的客套话很多，如“能与您见面真是三生有幸”“您真是让寒舍蓬荜生辉呀”等。而西方人在与客人见面时，寒暄的话很少，一般只说像“Glad to see you”这样轻描淡写的话语。西方人与人见面大多数情况下也会采用握手的方式，重要场合还会行吻颊礼。例如，熟人或朋友见面时，在中国的表达一般有以下几个：

你好！

(你)去哪里？

(你)干什么去？

(你)吃了吗？

(你)早！早上好！

在西方的问候语表达主要有：

Hi/Hello!（喂/你好!）

How are you?（你好吗?）

How are things going?（一切都好吗?）

Good morning!（早上好!）

Good afternoon!（下午好!）

Good evening!（晚上好!）

在文化交际中经常会出现一些由于问候方式、问话内容而出现的交际失误。中国人在问候时经常使用上面列举到的话语，在中国的文化中，这些只是打招呼的方式，并不是真想知道句子答案所表达的意义。而在西方国家中，一些话语并不表示问候。例如：

Have you eaten yet?（吃了吗?）

What are you going to do?（你打算干什么?）

Where are you going?（去哪儿?）

上面的这些话语用来表示“建议”或“邀请”对方一起吃饭的意思。如果他们听到这样的话语没有看到进一步的行为，会觉得比较奇怪，有的甚至会引起不快。因此，对于中西文化中的问候语习惯还是需要注意，以免发生不必要的误会。

不仅如此，在受到赞扬和祝贺时，中西方人的反应也不一样。中国人的性格含蓄内敛，谦虚谨慎，当被别人恭维夸奖时，中国人总喜欢推辞或谦让。例如，有人说“你这次的表现真是太棒了”，中国人会谦虚地回答“哪里，哪里。还差得远呢”。西方人在被表扬时，从不过分谦虚，对恭维一般直接表示自己的谢意。在请客吃饭时，中国人注重礼仪，殷勤好客，中国人在请客时往往竭力大操大办来显示自己的地位、财力、权势或慷慨等。例如，主人在餐桌上经常说“略备薄酒，不成敬意”等。相比之下，西方人则比较实际，并不看重形式，也不随便请客。西方人崇尚节俭，反对浪费。因此，在请客时没有像中国一样的繁文缛节，饮食也相对简单，讲究杯干盘尽。比如，在西方，为了讲究礼貌原则：

Thank you.（谢谢。）

Thanks a lot.（多谢。）

Thank you very much.（非常感谢。）

这些致谢语几乎任何场合、任何人际关系中都可以使用。在中国，表达谢意的词语也很多，如“谢谢”“感谢”“多谢”等。中国的致谢语并不像西方运用得那么普遍，有时在使用时甚至还须谨慎。在中国的文化中，有几种情况是不适合说致谢语的。

第一种情况是，在工作范围之内的事情。具体来说，事情如果是自己的本职工作，就无须致谢，否则可能会让人觉得不自然。例如，在商店里购物，如果顾客选择了其商品，一般都是售货员向顾客致谢。如果角色调换，可能会使售货员觉得奇怪。但近几年来由于受到西方文化的影响，中国人在职责范围内也开始逐渐使用致谢语。

第二种情况是，如果交际双方的关系亲密，如父母与儿女、丈夫与妻子、兄弟与姐妹等。如果在这种关系下还使用致谢语会使人觉得双方的关系疏远。例如，丈夫在看书时想喝水，

妻子给端了过来，如果在中国，丈夫这时说“谢谢”一类的致谢语可能会让妻子奇怪，甚至生气。如果是在西方，在这种情况下说“Thank you”是一件很自然的事情。从这个例子中可看出在中国文化中，人际关系更加受到重视，人际关系越亲密就越少用致谢语。而西方国家的人们则讲究礼貌原则，事事表现得以礼待人。

第四章 多元文化碰撞下常见的英语翻译问题

在多元文化背景下，翻译活动不再仅仅是两种语言之间的转换，也是两种文化之间的交流。也就是说，在翻译的过程中不仅要解决语言差异问题，也要跨越文化差异鸿沟。可见，在翻译过程中需要注意的问题有很多，如可译性问题、词汇空缺问题以及文化等值与欠额问题等，了解这些问题，对准确有效地进行翻译十分有利。本章将对这些常见的英汉翻译问题进行探讨。

第一节　可译性问题

在翻译界，可译性问题一直都是关注的焦点。可译性与不可译性是两个紧密相关的概念，在论及可译性问题时，不可避免地会涉及不可译性问题，它们一直都是翻译界争论的话题。实际上，并不存在绝对的可译性和不可译性，只是可译的程度与不可译的程度问题，二者是一个相对的概念。

一、可译性研究

关于可译性，我国学者刘宓庆给出了明确的解释：可译性指的是双语转换中源语的可译程度。当一种语言或单位不能译成另一种语言或单位，无法使两种不同语言的人群实现沟通和理解，即所谓的“不可译性”。

可译性问题实际上并不是指语言作品能够可译，而是指语言作品的内容思想和精神风貌能否用另一种语言传达出来。这也反映了另外一个问题，即翻译过程的确要忠实于原文，但能否完全忠实很难确定。

随着德国著名哲学家、语言学家洪堡特(Wilhelm von Humboldt)的研究，“可译性”逐渐被人们关注，并成为焦点。洪堡特可以说是最早对可译性和不可译性问题进行研究并加以论述的学者。洪堡特认为，语言同时具有普遍性和特殊性。人类本质上是同一的，这种同一性使得人类语言具有普遍性。洪堡特也承认语言的特殊性，认为语言各具特色，各有差异，但他也认为语言在本质上具有统一性。语言的普遍性使得语言可译，而语言的特殊性使得语言不可译。洪堡特指出，语言具有主观性，但也具有客观性。语言是一种观念精神的存在，体现着语言使用者的主观观念，所以语言因人而异，表现出不可译性。但语言也是人们相互交流思想、传递信息的客体，是普遍存在的一种认知手段，语言由此表现出可译性。洪堡特认为，世界上没有完全等值的两种语言，所以也不存在完全等值的翻译。但洪堡特也肯定了翻译的可译性，认为语言具有很大的创造力，具有无限的组合方式，所以即使在某些细节方面不可译，但在整体上可译。

此外，对翻译的可译性问题进行研究的还有英国语言学家、翻译理论家卡特福德

(Catford)和美国语言学家、翻译家尤金·奈达(Eugene A. Nida)。卡特福德认为,翻译存在可译性限度问题,即不可译,并指出不可译具体包含两种情况,即语言的不可译和文化的不可译。尤金·奈达指出,翻译是可能的,也就是具有可译性,翻译也是不可能的,也就是具有不可译性。

可译性与不可译性问题也深受我国学者的重视,并且研究历史悠久。早在东晋时期,佛教学者道安就提出了“五失本”理论,指出了容易导致译本丧失本来面貌的五种情况,并提出在必要时对译文进行修饰,以便于读者理解。尽管这存在很大难度,但也是可译的。唐代玄奘提出了“五不翻”原则,这里实际上指的是“不意译”,而非指不翻译,“不意译”也就是音译,而音译就是不可译。刘宓庆指出,可译性并不是绝对的,而是具有一定的限度。

本质上而言,可译性与不可译性并不是泛指两种语言之间是否可以相互传译,而是指某些感情和艺术色彩以及文化特色比较浓厚的作品,在传译时由于语言的差别而所能达到的译文确切性的程度问题。相互转换的两种语言以及两种语言所承载的文化都有着显著的差异,所以确保源语与译语的完全对等翻译是不可能,也就是所译文无法完全等同于原文,但可以无限地趋近于原文。

二、可译性的理据

对客观事物认知的相似性使得人们拥有了大致相同的概念体系,也使得翻译具有了可译性。

(一)相似的经验世界

人类身处在同一个世界当中,体验的也是同一个世界,所以在知识观念形成的过程中会拥有相似的世界经验,这些相似的世界经验就是翻译可译性的依据。

针对翻译而言,原文作者和译者面对的文本所指的是同一外部世界,必然也会存在共同的体验,也就有着共同意味。以英汉翻译为例,英汉两种语言属于不同的语系,无论在拼写、读音和表达方式上都存在显著的差异,这一定程度上也是不同世界观念的反映。尽管如此,但相似的世界经验为可译性提供了重要依据,使得人们可以相互交流。

(二)共同的语言基础

不同地域的民族在诸多方面都存在显著差异,人们仍可以相互交流,这主要源于人类语言的基本相同的功能。语言是人们生存、交流的基本而重要工具。处于相似的自然环境中,人们有着相似的行为、经历和感受,因此语言的基本功能也具有相似性。比勒(K. Bühler)和雅各布逊都对语言的功能进行了总结,纽马克(Newmark,2001)在两位所提观点的基础上提出了语义翻译(semantic translation)和交际翻译(communicative translation)的概念。可见,语言功能的普遍性为可译性提供了依据。

(三)文化的相互融合

不可否认,不同的文化之间存在巨大差异,但也存在共性。随着社会的发展,各个民族之间的交流日益频繁和紧密,文化也开始相互影响、相互渗透,随之文化的差异越来越小,共性逐步扩大。

不同文化在相互融合的过程中会产生互化,这种文化具有相互性,而语言的相互影响也是如此。例如,英语中的很多显性连接词语在现代汉语中出现并使用,这使得汉语的意合传统受到了很大冲击;而受汉语意合特点的影响,现代汉语中越来越多的名词直接作定语。随着文化的融合,语言也得到了丰富和发展,文化和语言的融合极大地扩大了文化和语言的共性,也为语言的可译性提供了理据。

三、不可译性的分类

翻译过程中,不仅要深入了解翻译的可译性,也有必要认识翻译的不可译性。卡特福德认为,不可译性有语言的不可译和文化的不可译之分。傅仲选指出,不可译性可分为绝对不可译和相对不可译。以下主要对卡特福德的分类进行说明。

(一)语言的不可译

1.语音上的不可译

世界上没有完全相同的两种语言,每一种语言都有着有别于其他语言的语言系统和特色,而这也就导致了语言的不可译。

就英汉语言而言,英语属于多音节语言,只有简单的声调变化,而没有语调的变化。汉语属于单音节语言,声调变化复杂,而且语句工整。将汉语中整齐工整的诗句用英语中与之相对应的语句来翻译,几乎是不可能的,即便可以翻译,也需要进行调整,原文的含义也必然会受到损害。此外,有着鲜明民族特色和地方特色的方言和口音也是不可译的,在另一种语言中不可能找到与之相对应的手法。可见,在语音层面上,不同语言是不可译的。例如:

东边日出西边雨,

道是无晴却有情。

The west is veiled in rain,the east enjoys sunshine;my gallant is as deep in love as day is fine.

原文诗人通过“晴”和“情”的谐音双关,深刻地表达了自己的思想情感,不仅语言工整,而且琅琅上口。通过英语来表达相同的谐音相关,同时传递原文含义,是不可能实现的。译文虽然传达了原文的含义,却损害了原文的语音特色。

2.词汇形态上的不可译

在词汇形态上,每一种语言也都独具特色,这也就导致语言的词汇形态具有不可译性。

例如：

人曾为僧，人弗可以成佛。

可以看出，这种有着明显汉语特色的字形特征和拆字组句技巧在英语中是不存在的，所以译成英语是十分困难的，不论如何翻译，都不能完好保留原文的形象。

3. 句法上的不可译

在句法上，英汉语言的差异也是巨大的。英语属于形合语言，常依靠各类连接词来维持语言的连贯，而且常附带一些定语从句、状语从句等从属成分，句子结构呈"葡萄型"。汉语属于意合语言，常依靠上下文关系来组句成篇，一般不需要连接词，也很少附带从属成分，句子结构呈"竹竿型"。在翻译时，要想达到语义对等，必然会有损源语的句法结构，所以英汉语言在句法上不可译。

4. 文体风格上的不可译

文体风格是指文章的体裁格式和语言特色，其涉及范围广泛，包括各种体裁、个人特征和民族特色等。这种独特性就决定了文体风格的不可译性。例如，韵律、咬文嚼字等文体风格是很难进行翻译的，这里将其做不可译处理。例如：

寻寻觅觅，冷冷清清，凄凄惨惨戚戚。

I've a sense of something missing I must seek. Everything about me looks dismal and bleak. Nothing that gives me pleasure, I can find.

原诗句用了七对叠字，将作者的情感淋漓尽致地表达了出来，而且层层深入，感人肺腑，艺术风格十分独特鲜明。上述译文在内容上进行了准确的传达，但文体风格与原文相差甚远，通过译文读者几乎没有同源语读者读这首诗时所产生的相同的感受。由此可见，在文体风格的翻译上，是存在可译限度的。

(二)文化的不可译

文化是一个社会对事物的客观反映。存在于一种文化中的现象，在另一种文化中可能不存在，也就没有与之相对应的表达方式，即使可以间接表达，也会对信息造成损害，因此在一定程度上也具有不可译性。文化的不可译具体包括两种情况：文化词汇空缺和指称词语的冲突。

1. 文化词汇空缺

某些词汇是一个民族特有的，对于本民族而言，这些词汇的概念意义是一目了然的，但对于其他民族而言是十分陌生的，更不用说词汇的内涵意义了。这是因为这些词汇所传达的概念在非本族人们的文化中根本不存在，这就是所谓的"词汇空缺"。"词汇空缺"在英汉两种语言中十分常见，而且对翻译造成了一定的困难。例如：

hipple 嬉皮士

阴阳 Yin Yang

气功 qigong

Hipple 和“阴阳”“气功”都是英汉语种所特有的表达，有着独具特色的文化含义，在另一种文化中根本不存在，而且也没有相应的表达，所以对他们进行翻译是非常困难的。hipple 译为“嬉皮士”也只传达了“嬉皮笑脸”的含义，并没有表达其真实含义。而“阴阳”“气功”也只能音译。

2.指称词语的冲突

指称词汇冲突包含语义文化冲突和语用意义冲突两种情况。

有时将一种文化信息符号忠实地转换为另一种语言符号时，内涵意义会发生显著的变化，甚至完全相反，这就是语义文化冲突。例如：

泰山北斗 Mount Tai and the North Star

虽然译文与原文实现了指称意义上的对应，但语义文化并不对应。在汉语文化中，“泰山北斗”是对德高望重之人的尊称，很显然译文并没有准确传递这一文化信息。

语用意义冲突是指词语文化信息符号的语用意义在进行语际层面的转换时会产生冲突。例如：

《红楼梦》*A dream of red mansions*

对于红色，其在英汉文化中有着不同的含义，在汉语文化中，红色具有喜庆和昌盛的意义，但在西方文化中，红色具有危险和暴力的象征意义。所以，《红楼梦》这一著作被译为 *A dream of red mansions* 是不妥的，应译为 *The story of the stone*。

第二节　词汇空缺问题

在翻译过程中经常会遇到词汇空缺问题，这一问题也给翻译带来了不小的障碍。上文已经提到并简要介绍了词汇空缺，这里就对其进行详细说明。

一、词汇空缺的概念

不同民族的语言和文化不尽相同，反映在词汇层面就形成不同民族语言的个性之处，即一个民族中的词汇在另一个民族中不存在，这些词汇的概念意义和内涵意义对于其他民族人们而言都是十分陌生的，这种现象就是“词汇空缺”(lexical gap)。

在英汉语言中常会见到词汇空缺现象。例如，英语中有 strong point 和 weak point 的说法，但汉语中只有“弱点”而没有“强点”的说法。再如，汉语中有“长处”和“短处”的说法，但英语中只有 shortcoming 而没有 longcoming 的说法。

很明显，词汇空缺势必会对语言的转换和文化的交流造成困扰，这就需要译者在翻译过

程中注意这一现象，并灵活采用一些相应的措施。

二、词汇空缺的原因

（一）地理环境差异

不同民族的人们身处于不同的地理环境，所以该民族语言中描述地理环境的词汇在其他民族中可能会不存在，也就是存在词汇空缺。例如，“泰山”在汉语中有着独特的文化内涵，其喻指德高望重的人和强大的实力，如“有眼不识泰山”。无论是泰山这一物体还是其文化内涵，都是汉语文化所特有的，其他文化中并不存在，如果按照字面意思直接译为 have eyes but fail to see Taishan Mountain，就会丢失其文化信息，读者也会产生疑惑，不明所以。而英语中的 take French leave（不辞而别）和 Spanish athlete（吹牛，胡说八道的人）也是其他民族不具有，不能按照字面意思直接翻译的，否则会令读者不知所云。

（二）价值观念差异

价值观念深刻地反映着文化，因文化背景的不同，所以不同民族的人们有着不同的价值观念，这在思维方式、语言表达等方面有着显著的体现。受中国传统观念和文化的影响，中国人崇尚礼仪，讲究谦让，在与人交际时常会采用很多谦辞，如“寒舍”“鄙人”等。受个人主义价值观的影响，西方人追求自由，讲究平等，在与人交际时常会直接表达，而且富有逻辑，汉语中的一些谦虚表达在英语中并没有相对应的形式。

（三）社会风俗差异

英汉民族有着各自独特的社会风俗，反映在语言上，也会导致这方面的词汇空缺。例如，中国的传统节日，如“除夕”“清明”“中秋”等在西方国家并没有，与之相对应的一些节日风俗，如“守岁”“扫墓”“吃月饼”等在西方国家更是没有，这些富有中国特色的习俗在英语中根本没有相对应的表达形式。而西方文化中万圣节的 trick or treat、感恩节的 turkey 等，在汉语中也没有相应的表达。可见，社会风俗差异也会导致词汇空缺现象的产生。

三、词汇空缺的翻译难点

（一）双语信息空白

双语信息存在偏差是词汇空缺的一种常见表现形式，也就是一种语言中的词汇在另一种语言中不存在。针对这种情况，很难进行翻译。例如，汉语中的“提”包、“挑”柴、“挎”篮中的“提”“挑”“挎”都有“携带”意思的意思，但英语中表示“携带”含义的词只有 take，bring，carry，而且与汉语表达完全不对应。

(二)文化内涵不对等

词汇空缺还表现在文化内涵的不对等上,即虽然两种语言中有相对应的表达,但所蕴含的文化信息不同。如果忽视了这一点,在翻译时就很容易丢失重要的文化信息,错误引导读者,甚至可能引起文化冲突。例如,“熊”这一动物在中西方都存在,但所表达的文化含义不尽相同。在中国人看来,熊是一种行动缓慢、呆萌样态的动物,所以常用它来比喻反应迟钝的人。但在西方人看来,熊是一种凶残的动物,常用来比喻那些鲁莽的人。可以看出,文化内涵的不对等必然会影响翻译的有效进行,因此在翻译过程中要注意这一问题。

第三节 文化等值与欠额问题

翻译一直追求文化的等值,但因文化背景的不同,翻译过程不可避免会出现文化内涵的缺失或不等值传递,进而造成文化欠额问题。本节将对翻译过程中的文化等值与文化欠额问题进行分析。

一、文化等值问题

美国学者奈达提出了等值论,他指出翻译对等包含形式对等(formal equivalence)和功能对等(functional equivalence)这两种。形式对等注重语言的形式和内容,功能对等注重翻译的效果。在翻译中注重形式对等而忽视功能对等,就会造成文化信息欠额。

(一)文化等值的类型

1. 零等值

零等值是指一种语言所表达的文化内涵在另一种语言中找不到对应项。零等值的产生主要源于以下两个因素。

(1)历史内涵的独特性。每一个民族都有着独特的发展历史,浓厚的历史文化赋予了语言丰富的文化内涵。有些蕴含着丰富历史文化内涵的词语,在另一种语言中往往处于零等值状态。此时在翻译时就不宜采用直译法,因为直译法会造成文化内涵的缺失。

Peace Will Be His Pyramid.

译文 1:和平将是他的一座金字塔。

译文 2:和平将成为人们记住他的丰碑。

原文是基辛格为遇刺身亡的埃及总统萨达特所写的一篇悼念文的标题。基辛格用Pyramid来作比喻,不仅歌颂萨达特的丰功伟绩,也表达自己的敬仰与怀念之情。采用直译法译出的译文 1 显然不能表达作者的真实感受,译文 2 则表达了作者的真实寓意。

(2)习俗内涵的特殊性。每个民族都在长期的历史发展过程中形成了独特的生活规则和习俗,随之语言中也就有了相对应的独特的表达方式。而这些有关习俗的的独特的表达方式,在另一种语言中往往处于零等值状态。汉语中常用“色狼”来表示“好色之徒”,但英语中常用 goat 来表示;汉语中常用“水性杨花”来指代举止轻浮的女人,而英语中用 butterfly 来表示。在翻译时,简单的直译常会造成文化内涵的缺失。

2.部分等值

部分等值是指一种语言所表达的文化内涵在另一种语言中只存在部分对应的现象。例如,汉语中的“孤儿”和英语中的 orphan 就只能部分等值。

3.假性等值

在英汉语言中,有很多的词汇虽然字面意思相同,但内涵意义相差甚远,这就是所谓的假性等值。例如:

short drink

表面含义:少量饮料

真实含义:烈性酒

(二)翻译中的文化等值

翻译不仅涉及语言,更关乎文化,做到文化对等是其目的。纽马克认为:“文化对等是把出发语的文化词转化成目的语的文化词的一种近似的翻译。”译者作为连接原文和读者之间的桥梁,为原文和读者之间搭建了沟通的渠道——译文,其不仅要处理语言问题,更要处理文化障碍问题。译者在翻译过程中不仅要传递语言的表层言语信息,还要传递深层文化信息,这样才能有效传播文化。

翻译是一种文化信息传递和接受的互动过程,要想提高互动的效果,就要确保文化信息的等值,避免简单的字面转换,减少翻译中的文化欠额。

二、文化欠额问题

纽马克(1981)指出,文化欠额翻译(under-loaded cultural translation)是指在翻译中零传输或者部分传输了源语文化环境中的内涵信息的现象,即译文所传递的文化信息量小于原文的文化信息量。文化欠额翻译会导致原文文化信息的不完整传输,会直接影响译文的质量。

上文提到,翻译中过于注重形式也就是字面信息的等值,就会造成文化信息的欠额。例如,“Shall I compare thee to a summer’s day?”对这一名句进行翻译时,很多译者将其译为“能把你比作夏日吗?”实际上,因地理位置的不同,夏日在英汉文化中有着不同的含义。英国的维度较高,并没有酷热的烦恼,所以英国人十分喜爱夏日,但中国的夏日则是酷热难当。采用直译法进行翻译,会使原文的地域文化内涵丧失。将原句译为“我可以把你比作充满生机的夏日吗?”更能传递原文的文化内涵。

总体而言,在多元文化背景下,在进行英汉翻译时,要深入研究可译性和不可译性问题,同时要了解词汇空缺、文化等值和文化欠额问题,从而更加准确、有效地进行翻译。

第五章 多元文化碰撞下英语翻译的技巧分析

第一节 具象和抽象

受语言模式的束缚，在英译汉中，译者往往会无从下手于一些表示抽象概念或具有深刻涵义的实词或短语。因此，如何将英语中以实喻虚或以虚喻实的表现手法在汉语中体现出来，同时符合汉语的表达习惯，就需要一定的翻译技巧。

这也就要求翻译者在翻译中，要了解并掌握翻译技巧中的具体化与抽象化问题，要学会抓住精神实质，摆脱原文表层结构的束缚，根据译入语的表达习惯，尽可能维系原文的具体性或形象性。

一、具象化

翻译的具象法，也称为具体化方法，就是指原文抽象、译文具体的翻译法。在英语中，有时一个词、短语乃至整个句子的含义都非常笼统、含糊或抽象，这给翻译带来了困难。为了使读者易于理解，在符合汉语表达规范的前提下，译者往往需要将这些词组或短语明确化、具体化，将它们引申为比较具体的词、词组或短语。

一般来说，英语中以虚代实的抽象名词所指代的对象可分为两类，一类是指代形形色色的"人"的抽象名词，例如：

Is Ruby a possibility as a wife for Richard？

鲁比是做理查德妻子的合适人选吗？

此句中的 a possibility 实际指的是 a suitable person。

Her skill at games made her the admiration of his frienff!.

她的运动技巧使她成为友人称羡的人。

此句中的 the admiration 可理解为 a person that causes such feelings.

She was slender，and apparently scarcely past girlhood：an admirable form，and the most exquisite，little that I have ever had the pleasure of beholding；small features，very fair.

她身材苗条，显然还没有过青春期。挺好看的体态，还有一张我生平从未见过的绝妙的小脸蛋，五官纤细，非常漂亮。

此句中的 features 一词其释义有很多，如果用比较抽象的"相貌"来表达，则不能尽其意，将其具体译为"五官"则恰到好处。此外，slender 一词也做了具体化处理。

另一类是指代各种各样具体物质的抽象名词，例如：

This is not a real gun，but it is a good imitation.

这不是一支真枪，但却是一件极好的仿制品。

此句中 imitation 指代 a thing that imitates something else.

Have you read any humour recently?

近来你读了什么幽默作品吗?

此句中 any humor 可理解为 something designed to induce laughter or musement。

此外，在英语中，由于英汉两种语言在遣词造句方面的差异，有时会用笼统或抽象的说法，但实际上却包含着隐而不露的具体内容。因此，在翻译成汉语时，为了让人能够看得明白，因此，要将这些隐而不露的具体内容表达出来。例如：

I'll have you all modeled in wax and clay; and the first who passes the limits I fix, shall —— I'11 not say what he shall be done to —— but you'll see!

我要把你们全用蜡和泥捏成模型；谁先越过我定的界限，就要 —— 我不说要倒什么霉 —— 可是，走着瞧吧。

此句中 what he shall be done to 是一种虚化的说法，在翻译时只能实说，在这里，根据上下文译为“他要倒什么霉”，从而避虚就实地做了具体化处理。

二、抽象化

抽象化是指，在英语中以实喻虚的表达方式化抽象为具体，变空洞为形象，经常以人的某种表情或动作揭示人的内心世界，或以物质名词取代抽象名词，或是寓深刻哲理于栩栩的形象之中，这是一种极其巧妙的表达方式。

在翻译中，我们往往需要将原文中某些具体意义或具体形象的词组、短语等做抽象化的处理，这样既使人们对这些词语的理解上升到理性化的高度，又符合了汉语的表达规范。这就是翻译的抽象法。例如：

To my confusion, I discovered the yell was not ideal; hasty footsteps approached my chamber door: somebody pushed it open with a vigorous hand.

使我狼狈的是我发现这声喊叫并非虚幻，一阵匆忙的脚步声走近我的卧房门口，有人使劲将门推开……

此句中的 a vigorous hand 并非指“一只有力的手”，因此如果译成“有人用一只有力的手把门推开”，既不符合翻译标准中的“雅”，又破坏了译文语气上的连贯性，而且不符合汉语表达习惯。实际上，这是一种抽象的说法，译成“用力推开”正恰到好处。

What is learned in the cradle is carried to the grave.

少时所学，到老不忘。

此句中的 the cradle 和 the grave 十分形象具体，读来韵感强烈，但如果译成“一个人在摇篮中所学的东西会带到坟墓中去”，从汉语的表达习惯和欣赏习惯来看，就显得过于直露，若译成“少时所学，到老不忘”，既传神又凝炼。

I dragged upstairs, whence, after putting on my dry clothes, and pacing to and thirty or forty minutes, to restore the animal heat.

我拖着沉重的身子爬上楼，换上干衣服以后，踱来踱去走了三四十分钟，好恢复元气。

此句中“我”来回走动是为了恢复元气，如果将 animal heat 直译为“动物(人)的热量”，会很令人费解，而如果做抽象化的处理，译为“元气”，正好表达了该词组所体现的含义。

在很多情况下，如果上述抽象化的意译也无法保持原文的形象性，可以通过“变通”的方法。变通就是用灵活的、间接的手段维持原文的具体性。实现“变通”的一个方法是增补词汇。例如：

There is much woman about him.

他的举止颇带女人气。

增添“举止”二字形象地表示出了“他”的性格特征。

He bombarded her with questions.

他连珠炮似地向她提出了许多问题。

“许多”二字很好地回应了“连珠炮”一词。

实现“变通”的另一个方法是舍去原文中原有的具体形象，借用或套用本族语中为人熟知的形象或借喻。例如：

He gave up the sword for the plough.

他解甲归农了。

此句中 the sword 和 the plough 的内涵意义为 military service 和 agriculture。若将此句硬译成“放下了刀剑，拿起来犁耙”有悖于汉语习惯，改译为“解甲归农”则颇为传神简练。

值得一提的是，人类的语言在其丰富多彩的语言实践中不断地发展变化着。具体形象的表达总是更容易获得人们的青睐，而英语中若干具体形象的表达也在影响着汉语，以至于汉语中也出现了若干从英语脱胎而来的新鲜的形象词汇。例如：

It was in the 1960s that people in Britain began to talk about the “permissive society” and the “generation gap”.

此句中的 generation gap 在汉语中曾先后被译作“长辈与年轻一代之间的隔阂”以及“世代隔阂”，而今天已被广泛地译成“代沟”。与此同时，“代沟”一词也已开始见于国内的书刊及报端。

第二节 反译和正译

同一概念，在英语和汉语两种语言中，都可以从正面或反面来表达。所谓反面表达，就是指在原文中含有否定说法，简称反说成分的词句。在英语中如 no, not, never, dis-, im-,

ir-,un-,de-等,在汉语中如"没""不""莫""勿""别""休""否""未"等。而如果英语或汉语中不含以上这些成分的词句则称为正面表达,或称为肯定说法,简称正说。

虽然,从原则上来说,英语的正说最好译成汉语的正说,英语的反说最好译成汉语的反说。但在实际的翻译中,英汉两者的正反表达形式有时并不能完全吻合,而且为了符合译入语的表达习惯,为了使表达更为顺畅,必须进行正反的转换翻译。因此,作为翻译方法的反译法和正译法,其目的是为了解决翻译过程中遇到的表达方面的困难,从而使得译文更加通顺达意。

一、反译

反译法又称为正义反译法,它是指在英语中有些从正面表达的词语或句子,在译成汉语时可以从反面来表达。

在英语中,有些词或短语,其形式是肯定的,但其本身却暗含着否定的概念,因此在翻译时要将其译成否定句,表示出其含有的否定意义。例如:

live up to the Party's expectations:不辜负党的期望

be absent from the meeting:没有出席会议

a final decision:不可改变的决定

(一)词的层次

英语中有很多词本身就含有否定意义,因此,在翻译时,要注意将其否定的含义译出。

1.动词

例如:

The window refuses to open.

窗户打不开。

原文中 refuses 从正面表达,在译文中"打不开"从反面表达。

I missed the bus.

我没有赶上公共汽车。

原文中的 missed 是从正面表达的,译文中"没有赶上"从反面表达。

Such a chance denied me.

我没有得到这个机会。

原文中的 denied 从正面表达,在译文中"没有得到"从反面表达。

The scientist rejects authority as an ultimate basis for truth.

科学家不承认权威是真理的最后根据。

原文中的 rejects 是从正面表达的,译文"不承认"从反面表达。

2.名词

例如：

This failure was the making of him.

这次不成功是他成功的基础。

原文中的 failure 属于正面表达，在译文中“不成功”从反面表达。

He was in ignorance of our plan.

他不知道我们的计划。

ignorance 本身就含有否定的含义，因此在译文中要做出反译的处理。

Men cannot live in the absence of water and air.

没有水和空气，人就无法生存。

原文中的 absence 本身就含有否定意义，因此在译文中要做出反译的处理。

3.形容词

例如：

She is not stupid, merely ignorant.

她并不愚笨，只是无知而已。

原文中 ignorant 从正面表达，译文“无知”从反面表达。

The explanation is pretty thin.

这个解释站不住脚。

原文中 thin 从正面表达，译文“站不住脚”从反面表达。

Deception is foreign to her nature.

欺骗与她的本质格格不入。

原文中 foreign 从正面表达，译文“格格不入”从反面表达。

She seems very reluctant to send the money to me.

她似乎很不情愿借给我钱。

原文中 reluctant 从正面表达，译文“不情愿”从反面表达。

4.副词

例如：

They may safely say so.

他们这样说万无一失。

原文中 safely 从正面表达，译文“万无一失”从反面表达。

He evidently thinks otherwise.

他显然有不同的想法。

原文中 otherwise 从正面表达，译文“不同的”从反面表达。

I little knew what trouble he was going to have.

我根本不知道他会遇到什么麻烦。

原文中 little 从正面表达，译文“根本不知道”从反面表达。

5.连词

例如：

I will not go unless I hear from him.

如果他不通知我，我就不去。

原文中由 unless 引导的肯定句译为否定句。

Life may turn out to be the true, rather than exception.

很可能生命是普遍存在的，而不是一种例外，这一点很可能得到证实。

原文中的 rather than 在译文中译为否定结构“而不是”。

6.前置词

例如：

This problem is above me.

这个问题我不懂。

原文中 above 从正面表达，译文“不懂”从反面表达。

I borrowed some books other than novel.

我借了几本书，都不是小说。

原文 other than 从正面表达，译文“不是”从反面表达。

It was beyond your power to sign such a contract.

你无权签订这个合同。

原文中 beyond 从正面表达，译文中的“无”从反面表达。

(二)短语反译

在翻译过程中，有时要将英文中表达肯定意义的短语译为否定意义。例如：

She is dying with only strangers around.

她临终前身边一个亲人也没有。

原文中的 with only strangers around 是表达肯定意义的短语，但在翻译时要译为表达否定意义的“身边连一个亲人也没有”。

We believe that the younger generation will prove worthy of our trust.

我们相信，年轻的一代将不会辜负我们的期望。

原文中的 worthy of our trust 是表达肯定意义的短语，在翻译时要译出表达否定意义的“不会辜负我们的期望”。

It's dishonest scheme and I'm glad to be out of it.

这是一个不光彩的计划，我很高兴没有参与。

原文中表达肯定意义的短语 out of it 反译为表达否定意义的“没有参与”。

We must bear in mind that the great proportion of books, plays and films which come before the censor are very far from being“works of art”.

我们要牢记送到审读员面前的大量书刊、戏剧和电影远非“杰作”。

原文中(be) far from 在英语里是正面表达，但其含义是 not at all，故译为“远非，远不是，一点也不是”。

(三)句子反译

在翻译时，有时要将英文中表达正面意义的句子译为否定意义的语句。例如：

He was 78, but he carried his years lightly.

他 78 岁了，可是并不显老。

原文中表示肯定意义的 but he carried his years lightly 被反译为具有否定意义的“但是并不显老”。

If it worked once, it can work twice.

一次得手，再次不愁。

此句是将原文中的 it can work twice 译为单句“再次不愁”。

I prefer watching television to listening to music。

我喜欢看电视，不喜欢听音乐。

此句中的介词 to 前表示肯定，后表示否定，翻译为“喜欢……而不喜欢……”

此外，还有些句子要通过上下文，并根据逻辑推理，仔细推敲其中关键词的实际含义，然后再采取适当的反译法进行翻译。例如：

In fact, the willingness to experiment is one of the most striking features of China today, and it seems to be rooted in confidence rather than security.

实际上，这种试验的愿望是当今中国最显著的特点之一。它来源于信心，而不是出于不稳定感。

此句中 security 其实指的是 insecurity。作者是说中国对未来充满信心而大胆进行改革实验，并不是因为国内混乱和不稳定才被迫改革。

在英语中还有这样一种情况，即原词所表达的并不是其字面意义，而是其字面意义的反义，或者说是对其字面意义的否定。例如：

gas mask：防毒面具

hunger march：反饥饿游行

riot police：防暴警察

terror war：反恐战争

crisis law：反危机法案

tear test:抗拉扯实验

the head of the story:故事的后面

以上这些词,在翻译中要注意。

总之,反译就是将原文中个别词语所包含或暗含的否定意义翻译成汉语,使译文与原文所表达的真正含义相一致。

二、正译

正译法是指在英语中有些从反面表达的词语或句子,在译成汉语时从正面来表达,又称为“反义正译法”。在英语中,有些词或短语其形式上是否定的,但其内容却含有强烈的肯定意义,因此在翻译时要使用正译法将其译成肯定句。

(一)词的正译

1. 动词

例如:

You should lose no time in doing this job.

你应该抓紧时间做好这件事。

原文中的 lose no time in doing 被正译为“抓紧时间做”。

His conduct was nothing short of madness.

他的行为简直是发了狂。

原文中的 nothing short of 被正译为“简直是”。

The doubt was still unsolved after her repeated explanations.

虽然她一再解释,疑团仍然存在。

原文中表示否定意义的 unsolved,译为表示肯定意义的“仍然存在”。

The examination left no doubt that the patient died of cancer.

检验结果清清楚楚地表明病人死于癌症。

原文中的 left no doubt 被正译为“清清楚楚地表明”。

2. 名词

例如:

He brought dishonour on his family.

他为家族带来了耻辱。

原文中 dishonour 被正译为“耻辱”。

It was said that someone had sown discord among them.

据说有人在他们中间挑拨离间。

原文中 discord 被正译为“挑拨离间”。

She manifested a strong dislike for her father's behaviour.

她对父亲的行为表示出强烈的厌恶情绪。

原文中 dislike 被正译为“厌恶情绪”。

3.形容词

例如：

All the articles are untouchable in the museum.

博物馆内的所有物品禁止触摸。

原文中 untouchable 被正译为“禁止触摸”。

She was in an uncomfortable predicament.

她陷于困窘的艰难处境中。

原文中的 uncomfortable 正译为“困窘的”。

It was inconsiderate of him to mention the matter in her hearing.

他实在太轻率，竟然在她听觉所及处谈论此事。

原文中 inconsiderate 被正译为“轻率”。

4.副词

例如：

He answered hie indefinitely.

他含糊地回答了我的问题。

原文中 indefinitely 正译为“含糊地”。

She carelessly glanced through the note and got away.

她粗略地看了看那张便条便走了。

原文中 carelessly 被正译为“粗略地”。

He said the Soviet Union was unprecedentedly engaged in a missile building program.

他说苏联正以空前的规模推行制造导弹的计划。

原文中 unprecedentedly 被正译为“空前的规模”。

Many agreed that the Prime Minister had in effect resigned dishonorably.

许多人认为首相辞职实际上是很丢人的。

原文中 dishonorably 被正译为“很丢人的”。

（二）短语正译

翻译过程中有时要将含否定意义的英语短语做正译的处理。

例如：

She cannot see enough of him.

她总愿意和他待在一起。

原文中的 cannot see enough of 正译为“总愿意和……待在一起”。

She is no less active than she used to be.

她和从前一样活跃。

原文中的 no less...than 正译为“和……一样……”

I have no more than twenty dollars in my pocket.

我口袋里只有二十美元。

原文中的 no more than 正译为“只有”。

We cannot be too careful in doing experiments.

我们做实验越仔细越好。

原文中的 cannot be too careful 正译为“……越仔细越好”。

(三)句子正译

句子层次的正译也是正译法的重要组成部分。

例如：

Man in general does not appreciate what he has until he loses it.

一般人要等到失去他的所有才知道珍惜。

until 后的动作一完成，主句的动作便开始向相反的方向转化，便成为肯定，因此要译成“等到……才……”

He is too angry not to say it.

他盛怒之下肯定会那么说的。

原文中的 too 其本身就暗含有一种否定，再加 not 则成为否定之否定，形成一种强烈的肯定，意思为“太……一定会……”

It was not until yesterday that I got the news.

直到昨天我才听到那个消息。

这种结构表示前后两个连接很紧的动作。until 后的动作一完成，主句的动作便开始向相反的方向转化，成为肯定，译为“直到……才……”

通过以上对词组、短语、句子的分层次分析，可以看出正译法的使用情况。事实上，正译法的使用可大致分为三类。

第一类是用在祈使句中，祈使句中的否定说法有时会被正译，因为说话人或作者想表达的通常是一个正面的意义。

例如：

No deposit will be refunded unless ticket produced.

凭票退还押金。

第二类是用在否定之否定，即双重否定句中。

例如：

There can be no sunshine without shadow.

有阳光就有阴影。

We must never stop taking an optimistic view of life.

我们对生活要永远抱乐观态度。

Such mistakes couldn't long escape notice.

这类错误迟早会被发觉的。

第三类是英语中的有些否定表达在翻译成汉语时，为了符合汉语的语言表达习惯，而使用正译法。

例如：

Hitler's undisguised effort to persecute the Jews met with worldwide condemnation.

希特勒对犹太人的露骨迫害行为受到全世界的谴责。

Even so, I still insist that for the individual himself nothing is more important than this personal, interior sense of right and wrong.

即便如此，我仍坚持认为，对个人而言，最重要的莫过于这种根植于个人心灵深处的是非感，以及坚决按这种是非感行事的决心。

综上所述，无论是正译还是反译，都是在翻译时力求突破原文的形式，将否定的译成肯定的，将肯定的译成否定的，采用变换语气的办法处理原句。

运用这种翻译技巧的目的是为了使翻译在不失原意的基础上更加符合译入语的思维方式和表达习惯，从而使译出的话语更加地道。此外，有些正反泽法的使用可以帮助增强修辞效果，但在使用的时候需要非常谨慎。

例如：

Sir William and Lady Lucas are determined to go, merely on that account for in general you know they visit no new comers.

卢卡斯爵士夫妇打定主意要去，还不就是为了这个缘故，因为你知道，他们通常是不去拜访新搬来的邻居的。

第三节　被动和主动

一、被动句

汉语是综合性语言，而英语则是分析性语言，因此，汉语和英语是两种完全不同的语言

体系。英汉语言中均有被动语态，只不过是由于表达方式和习惯的不同，使用的频率不同罢了。英语较多使用被动形态，而在汉语的思维中很少有被动的概念，相应地在汉语中较少使用被动语态。

在英译汉的翻译实践中，英语的被动语态很多情况下都可译成汉语的主动形态。尤其是在一些新闻媒体文章、科技文章以及官方文章当中。在英语中，被动语态是常见的语法现象，英语的被动语态较典型的是用系动词 be＋过去分词，从而构成各种时态的被动式，其表达的意义也极广泛。

汉语的被动形式则不如英语丰富，缺乏被动结构。汉语中比较典型的被动如古语中的"为……所""于""予以……"等。而"被"字出现的时间则较晚，起初多用来表达不幸的遭遇，演变至今已成为中性词。其实，在现代汉语中，有很多表达被动意义的方式，如"让""叫""遭(受)""给"等。

例如：

He was beaten.

他让人揍了一顿(或他被打了/他挨打了)。

Most of the buildings were destroyed in the war.

大多数建筑都毁于战争。

Such conduct will be looked down upon by all with sense of decency.

这种行为将会为一切有良知的人所不齿。

在英语中还存在一种情况，就是用主动形式来表达被动意义。用主动形式表达被动意义的词有很多，如 wash，open，close，sell，burn，brew，deepen，widen，clean，need，require，keep 等。

例如：

The door won't close.

门关不上。

This book sells very well.

这本书非常畅销。

The system needs updating.

系统需要升级。

二、被动句译为主动句

在英语中，由于动作的施动者不明，或为了避免提及，或由于句子连接或文体的需要，常常采用被动形式，而在汉语中被动式的使用不如英语频繁，因此在翻译时很多英语的被动式要转换成英语的主动式。例如，可以采用泛称、无主句、把字句等形式进行变通，表达被动意义：

例如：

Language is shaped by human thought.

人的思想形成了语言。

Production costs had been greatly reduced.

生产成本大大降低了。

Our country is blessed with unsurpassed natural resources.

我国具有得天独厚的自然资源。

It must be noted that leaning must be done by a person himself.

必须指出，学习只能靠自己。

在英语的被动句中有一种经常出现的句型，即 it is/must be/should be… that…这类句子通常由于各种原因不说出动作的施动者，而用 it 作为形式主语，在汉语中要用主动形式表示出来。

例如：

It should be understood that to err is human.

应当理解，犯错误是人之常情。

It is known to all that she is working very hard.

众所周知，她很努力地工作。

三、被动句译为被动句

即使在很多情况下，英语的被动句都被译为汉语的主动句，但有时英语的被动句也可以译为汉语的被动句。通常，这类句子都是着重被动的动作；而动作的施动者，有些说出来了，有些则没有说出来。

在翻译这类句子时，通常以“受”“遭到”“被”等来表达被动含义。

例如：

He was beheaded in 1999.

他于 1999 年被处死。

They were given a hearty welcome.

他们受到了热烈的欢迎。

The window was broken by a boy playing football.

窗户被一个踢足球的男孩打破了。

Our roof was seriously damaged in last night's storm.

在昨夜的暴风雨中，我家的屋顶遭到了严重破坏。

第四节　省略和增补

由于英汉两种语言的差异，在翻译过程中也不可能做到词的数量上的完全相等。实际上，翻译的首要标准就是要忠实于原文，但是在具体的翻译过程中，为了准确表达出原文的意思，可以不必拘泥于原文用词的数量和形式。相反，在翻译过程中，往往会根据句子的结构和意思而省略或增补一些词。因此，省略和增补是译文通顺表达必不可少的手段，是英汉翻译中的重要技巧。

一、省略

（一）定义

为了避免重复而将语言结构中的某个成分省略掉，从而使表达更加紧凑、清晰和简练，这种修辞方式就叫省略。作为语言使用中常见的现象，省略可以帮助提高语言交际的效率。总之，省略法就是通过对原文语境的理解，在不改变原文意思的情况下，减掉其中的一些词汇或连接手段，从而使译文更加简洁、通顺的翻译技巧。

具体到英译汉中，省略法也称减词法或省译法，它是指原文中的有些词在译文中可以不译出来，但译文给读者的感受和原文相同。从信息成分的角度来看，语言中被省略的成分往往是那些可以从语境中推导出来的信息。有时，虽然在译文中没有其词，但却已经有其意或其意不言而喻，为了避免译文的累赘或突兀而将这些不符合目标语语言习惯、思维习惯或表达方式的词省略。

尽管省略法的目的是为了使译文看起来更加通顺、简洁，但在翻译时，要注意省略法的原则，即不能影响或改变原文意思的完整，要做到省词不减意。同时，在使用省略法翻译时，还应当符合汉语表达的规范。在遵守这一原则的前提下，凡是违背汉语表达习惯或思维习惯的词均应减去，从而使译文明了、简洁。

（二）词组省略

在进行词组层次的翻译时，很多情况下都可以使用省略法。

例如：

in the course of the same year：同年

advertisement and commercials：广告

the old，the weak，the sick and the disabled：老、弱、病、残者

the earliest possible date：尽早

以上例子的翻译都是在保证读者能够明白原义的情况下，尽量使译文更加简练。

(三)句子省略

在英译汉中，句子层面的省略法是常见的翻译技巧。

例如：

Behaviorists, in contrast, say that differences in scores are due to the fact that blacks are often deprived of many of the educational and other environmental advantages that whites enjoy.

相反，行为主义者认为，成绩的差异是由于黑人往往被剥夺了白人在教育及其他环境方面所享有的许多有利条件。

此例中，原文中的 fact 引导的是同位语从句，用来修饰 fact。而在翻译过程中，可以不译出 fact，因为后面的从句已经揭示出了 fact 的具体含义和内容。

But one basic difference of opinion concerns the question of whether or not the city as such is to be preserved.

但是，主要的意见分歧是，像目前这样的城市是否要保存下去。

原句中有 question 一词，但汉语译文既有“是否”两字，即为“问题”，故不必将 question 再译出来。同时，译文已表达了原文的含义，如把 concerns 再译为“涉及”，则译文读起来就会晦涩累赘，故不如不译。

此外，还应注意，在进行句子层面的英译汉时，有些语法功能词常常可以不译出来，这些词包括：某些物主代词；作形式主语或形式宾语的 it；不影响主句与从句逻辑关系的连接词；强调句型中的 it 和表示时间或表示地点的非人称 it。

例如：

I hope you will enjoy your stay here.

希望您在这儿过得愉快。

It is the uses to which television is put that determine its value to society.

电视对社会的价值取决于我们怎样去利用它。

You will be staying in this hotel during your visit in Beijing.

你在北京访问期间就住在这家饭店里。

Nobody knows for sure, but most experts think it will soon be difficult to obtain sufficient electricity from these sources.

谁也无法确知，但大多数专家认为，不需太久就难以靠这些资源提供充足的电力了。

Moreover, inaccurate or indefinite words may make it difficult for the listener to understand the message which is being transmitted to him.

此外，措辞不准确与不确切还会使听话人难以理解传递给他的信息。

We, especially the younger generations of China and the United States, must make common cause of our common challenges, so that we can, together, shape a new century of brilliant possibilities.

我们，尤其中美两国的青年一代，必须齐心协力，共同迎接挑战，共同创造光辉灿烂的新世纪。

例中原句中的 so that we can 作为表示因果关系的连接词，在英文中符合演讲的停顿习惯，但在翻译成中文时，可以将原文中的因果关系表达隐含在译文中，这样译文的演讲稿显得一气呵成，连贯性也较好。

（四）语篇省略

在翻译实践中，省略法的使用非常广泛，不仅可以用在词组、句子上，省略法还可以用在语篇翻译中，在不改变原文语义的情况下，使译文通顺简洁。例如：

The mother and the eldest daughter weeded the ridges, passing before the others…A younger son, of twelve years, brought sea sand in a donkey's creels from a far corner of the field. They mixed the sand with the black clay. The fourth child, still almost an infant, staggered about near his mother, plucking weeds slowly and offering them to his mother as gifts.

母亲和大女儿在除垄上的草，把旁人甩在后面……二儿子十二岁，从老远的地头把海滩上的沙子装进鱼篓，赶着毛驴驮了回来。他们把黑土掺上了沙子。老四还是个小不点儿，在母亲身边踉踉跄跄转悠着，慢吞吞地拔起杂草，当作礼物送给母亲。

在这段语篇的翻译中，省略了 the, a, of, and 等连词、介词和冠词，从而使译文显得更加流畅。

二、增补

（一）定义

在进行英译汉时，增补法又称增词法或增译法，它主要是指根据英汉两种语言不同的思维方式和语言习惯以及句法、意义或修辞等的需要，在原文的基础上添加一些必要的语言成分，如词、短句或句子等，既能使原文中的词汇、语法、风格等在译文中表达得更加清楚明确，又能使译文更加通顺流畅，符合译入语的表达习惯。

增补法并不是随意增加，更不是无中生有，而是要增加原文中虽无其词但有其意的一些语言成分，从而使得译文更加流畅自然。增补法的目的是为了使译文更加忠实通顺地表达原文的思想内容。但是同省略法一样，在运用增补法进行翻译时，虽然可以根据需要进行词汇、语法等方面的变通，但绝不能改变原文的思想。此外，还要注意增补适度，做到增词不增意。

(二)词组增补

作为英译汉中常用的方法和技巧之一，增补法可以运用在词组、句子、语篇等不同的地方，运用增补法进行词组层面的翻译时，相对来说容易一些，但也应注意翻译的忠实、顺畅。

例如：

smiling faces：一张张笑脸

live and learn：活到老，学到老

to wash before meal：饭前洗手

you and me：你我两人

the Soviet Union，the United States，England and France

苏、美、英、法等四国

(三)句子增补

增补法在句子层面的应用，主要分为两种情况。

其一是根据意义或修辞的需要进行增补的情况。

根据意义或修辞上的需要，在运用增补法时，可以增加七类词，即动词、表示名词复数的词、表达时态的词、表示宾语的词、副词、语气助词、概括词等。在英语中，有些动词既是及物动词，也是不及物动词，当它作不及物动词使用时，宾语实际上是隐含在动词后面的，因此在翻译成汉语时往往需要将它清楚地表达出来。

例如：

Day after day she came to her work——sweeping，scrubbing，cleaning.

她每天来干活——扫地，擦地板，收拾房间。

在上述例子中，如果将 sweeping，scrubbing，cleaning 分别翻译成“扫”“擦”“收拾”，那么不仅不能准确表达出其含义，而且也不符合汉语的表达习惯。所以，在翻译时要对其进行概念性的补充，把它们分别翻译为“扫地”“擦地板”和“收拾房间”。

英语中的某些抽象名词、不及物动词或代词，如果单独将其译出，有时意思不够明确，此时可分别在其后增加诸如“工作”“状态”“过程”“现象”“情况”“作用”“部分”“化”等概括词，这样会使原文的意思更能准确地体现出来。

The teacher is not satisfied with our preparation.

老师对我们的准备工作不满意。

其他运用增补法翻译的情况。

例如：

After the concerts，the banquets and the basketball exhibition，she went home tiredly.

在出席音乐会、参加宴会、观看篮球表演之后，她疲倦地回到了家里(在译文中增加动词

“出席”“参加”“观看”)。

As for me,I did not agree from the very beginning.

至于我呢,从一开始便不赞成。(该例在译文中增加语气助词)

She sank down with her face in her hands.

她两手蒙着脸,一屁股坐了下去。(在译文中增加副词)

其二是根据语法或句法的需要进行增补的情况。

在英语语法或句法中,往往省略某些词后照样可以达到完整表达意思的功效。因此,在翻译成汉语时,往往要把这些省去的词或成分增译进去,才能在语法上说得通。

在英语中经常使用省略句,因此在翻译时要根据汉语的表达习惯对省略的部分做适当的增补。

例如:

Reading makes a full man;conference a ready man;writing an exact man.

读书使人充实;讨论使人机智;写作使人准确。

该句中 conference 和 writing 后面都省略了动词 makes,在翻译时要进行补充。

此外,在英语中,有些词语或句子成分可以根据习惯或语法规则省去,但并不影响意思的清楚表达。但在翻译成汉语时,要根据汉语的语法规则和习惯予以增补。

Who is the fastest of the Athens Olympic Game?

谁是雅典奥运会中跑得最快的人?

在本例中,“the+形容词”可用来表示一类人或东西,the fastest 就表示“跑得最快的”,而在雅典奥运会中跑得最快的当然是某个人,而非其他什么东西,因此在翻译时要增补“人”。

(四)语篇增补

语篇翻译不仅要求词组和句子要翻译恰当,而且要求整个语篇上具有较好的连贯性。因此,运用增补法进行词组、句子、语篇等层次的翻译时,语篇层次的翻译是最复杂的。

例如:

Earl and I decided to walk our dog. Somehow our path took us toward the park,across the footbridge high above the rolling waters of the Los Angeles River. It is like a dream to me now,floating through my mind in slow motion. Many children were playing close to the waters.

我和艾勒决定把狗带出去遛遛,不知不觉朝公园走去。公园就在小桥那边,桥下很深的地方,汹涌的洛杉矶河水滚滚流过。现在回想起来,就仿佛是一场梦,当时的情景还在我脑海里缓缓浮动。那一天,许多孩子在靠近水边的地方玩耍。

在以上语篇的翻译中,涉及了对词组 walk our dog 的翻译,还涉及起语篇连贯作用的

“当时的情景”和“那一天”的增补。

第五节 否定句的翻译

由于英语否定结构的形式与内容常常不统一，甚至相互矛盾，这为英语学习者增加了翻译难度。在介绍反译与正译时，已经讨论了正译法在否定之否定句中的使用情况。实际上，英语中的否定形式非常灵活而广泛，是一个常见而又较为复杂的问题。

因此在翻译否定句时，必须首先弄清楚否定结构的用法及其特点，弄清否定含义的理解与表达。而要正确理解和掌握英语中的否定含义，首先就必须正确理解英语各种句型的意义，然后再根据英汉两种语言在思维方式和表达习惯上的差别，进行慎重处理，这样才能避免出现误译现象，使得译文符合汉语规范。

总的来看，英语中的否定可分为五种情况。下面就逐一针对这五个方面对英语否定结构的独特形式进行分析、归纳与总结，探讨英语否定句的翻译规律。

一、部分否定

部分否定是指整个句子所表达的意义既含有部分否定的意思，也含有部分肯定的意思。在翻译这类句子时，必须对否定词做适当的调整，一般总是把否定词放在表示总称的“一切”“全”“都”等词的前面，通常译为“并非都”“不都”“不一定总是”。

部分否定结构常用来表示生活哲理，因此在英语谚语中颇为常见。具体来说，部分否定结构的形式可以分为以下几种。

(一)接近完全否定的词表示部分否定

这些词有如：few、scarcely、rarely、seldom、little、hardly 等，这几个具有否定意义的词，一般译为“几乎，很少”。例如：

She hardly ever sat down without a book in her hands.

她只要一坐下，必定会拿着一本书在手上。

此例中，原文表达否定意义的 hardly 在译文中并未出现，但这种方式显然要比固守“几乎不”要好。这告诉我们，在英译汉时，必须注意英汉否定表达的差异，采取符合原文语义和译入语习惯的表达方式。例如：

Few of the books are interesting.

没有几本书有趣。

(二)由总括词语来充当否定结构的主语

此类部分否定的结构一般由 all，every，everything，both，everybody 等总括词语来充当

否定结构的主语，谓语则为否定结构。句子的语义并不是句子的谓语否定，而是主语或宾语的部分否定。也就是说，不定代词或形容词和副词在否定句中，不论否定词 not 放在这些词的前面，还是同句中谓语一起构成否定式谓语，都属于部分否定。例如：

I don't know all of them.

我对他们并不全认识。

Everybody does not like this course.

并非人人都喜欢这门课程。

此句作为部分否定句，表示有人并不喜欢这门课程。

All criminals are not murderers. (Not all criminals are murderers.)

并非全部罪犯都是杀人犯。

Each side of the street is not clean. (Not each side of the street is clean.)

并非街道两边都干净。

(三)由 and 引导的并列结构

当 and 连接的两个并列成分放在否定句中的时候，这两个并列成分中的一个将被否定，而不是全部被否定。

He is not the manager and chief engineer.

他或者是厂长，或者是工程师。

He couldn't take off the time to see the doctor and to do the experiment.

他抽不出时间既要去看医生，又去做实验。

二、全部否定

全部否定是指将句子的否定对象加以全盘、彻底的否定。常用的全部否定词主要有 not，no，none，never，nobody，nothing，nowhere，no one 等。翻译这类句子时，一般把全部否定词照翻即可，但要注意符合汉语的表达习惯。例如：

I had never heard anyone talk about a product the way he talked about coffee.

我以前从未见过有谁像他谈论咖啡那样谈论某个产品。

"No one really knows what I'm yelling," he said, "but they remember my song and this brings them out of their house."

"虽然没有几个人能听清楚我在吆喝什么，但这附近的居民都能认出我的调调，一听到是我过来了，他们就从家里出来。"

原文中的 no one 如果翻译成"没有一个人"不大合理，译文翻译成"没有几个人，与上下文语义相符。

三、双重否定

双重否定是指两个否定词并用，具体来说，双重否定结构在语义上表示肯定，否定同一个单词，或者一个否定词否定另一个否定词，其否定意义互相抵消得到肯定意义。如果一个句子中同时含有两个否定因素，无论是形式上还是意义上的，都可采用两种方法翻译，既可以译成肯定，也可以译成汉语的双重否定，只是两种翻译的语气不同，后者的语气较为强烈。例如：

We cannot be too careful.

我们无论怎么小心也不会过分。

They are too greedy not to violate the law.

他们很贪婪，不会不触犯法律。

There is not any advantage without disadvantage.

有利必有弊。

A book may be compared to your neighbor, if it is good, it cannot last too long; if bad, you cannot get rid of it too early.

一本书好比你的邻居，如果是好书，读书时间再长也不嫌长；如果是坏书，越早丢开越好。

四、含蓄否定

含蓄否定是英语否定中的一种特殊标点方式，是一种暗否定，它属于特殊否定结构，也称为意义否定。含蓄否定结构的主要特征是有些词或短语虽不与否定词连用，但同样表示否定意义。含蓄否定的结构主要有语用型含蓄否定和词语型含蓄否定。

（一）语用型否定

语用型否定的一般句型为 It/He is ＋adj. ＋n. ＋that…，这类句型不是普通的含有定语从句的复合句，也不是强调句式，其通常见于英语谚语之中。在翻译时，要使用反译的方法，即可以在主语前面加上“即使是”“再”等词语，以便获得较强的语势，如果从句是否定句就译成肯定句，如果从句是肯定句就译成否定句。例如：

It is a good horse that never stumbles.

再好的马也有失蹄的时候。

原文从句为否定结构，译为肯定结构。

He is a good physician who cures himself.

即便是好医生也未必能治好自己的病。

原文从句为肯定结构，译为否定结构。

其他的例子如：

It is a sad heart that never rejoices.

再伤心的人也会有开心的时刻。

某些疑问句在特定的语言环境下，也具有与字面相反的意义，即暗含否定的意义。例如：

What is the good of asking a favor of her?（It's no good asking a favor of her.）

去求那个女人是没有用的。

由 if 引导的条件句有时省略主句，也用来表示强烈的否定意义，意为“绝没有”“要是……该多好”。例如：

If only you had worked with great care.

你要是更仔细一些该多好啊！

(二)词义型否定

词义型的含蓄否定结构包括由名词短语引起的含蓄否定、由动词或动词短语引起的含蓄否定、由副词引起的含蓄否定、由介词引起的含蓄否定、由连词引起的含蓄否定等。例如：

The speed of the satellite hardly changes at all.

这个卫星的速度几乎没有任何变化。

This book is second to that one neither in plot nor in technique.

这本书无论在情节上还是在写作技巧上，都比不上那本书。

Painting is the most common way to protect metals from corrosion.

涂漆是使金属免受腐蚀的最通用办法。

But for instruments and equipment, the modem marine scientist would be helpless.

假如没有仪器和设备，现代海洋科学家就会一筹莫展。

五、否定转移

否定转移是指否定词在语法结构上属于一个部分，但在语义上却属于另一部分，如状语或宾语甚至谓语部分。换句话说，位于主语、谓语或宾语之前的否定词有时候实际上所否定的却可能是另外一个词、短语或从句，这种否定词与被否定部分隔开的语言现象便是否定转移现象。之所以会出现这种语言现象，与英语本身的发展趋势有关，即在特指否定的地方改用一般否定，将否定词尽量置于谓语部分。

谓语部分的否定词不仅可以否定宾语、状语，还可以否定谓语，它可以和句中的任何成分发生关系。在翻译这类语句时，首先要分清是否为否定转移结构，然后找准否定位置，分别译成否定宾语、状语或谓语等。例如：

One does not live to eat, but eats to live.

人活着不是为了吃，而吃却是为了活着。

原文中的 not 虽然置于 live 前面，但是 not 否定的是后面的动词不定式 to eat。

I didn't say that for amusement.

我说那些并不是为了消遣。

此句中 not 虽然出现在 say 的前面，但是 not 真正否定的是介词短语 for amusement。

At no time can we give up hope.

在任何时候，我们都不能放弃希望。

此句中的否定词否定的是谓语。

I don't teach because teaching is easy for me.

我之所以教书，并不是因为我觉得教书容易。

需要注意的是，此句中主要涉及了否定的范围问题。如果将 because 从句排除在否定范围之外，其意思为“因为我觉得教书容易，所以没有教书”；而如果将 because 从句包括在否定范围之内，其意思则为“我之所以教书，并不是因为我觉得教书容易”。虽然通常来说，后一种理解更加符合逻辑，但在实际的使用过程中，not…because 这一结构也有可能出现将 because 从句排除在否定范围之外的情况。因此，because 在与否定词连用时，根据上下文的不同常常有两种含义。当然，在具体的句子中，一般只有一种是符合逻辑的。

第六节　翻译过程中的语序调整

一、调整的含义及意义

语序是指句子中各个成分或各个词的排列顺序，它是词语和句子成分之间关系的体现，反映了语言使用者的逻辑思维和心理结构模式。英译汉的翻译方法和技巧是建立在英汉两种语言的对比之上的，这两种语言在词汇和句法方面的一些表达手段上各有其特点。

英汉两种语言在语序方面既有相同之处，也有不同之处。相同之处体现在两种语言都以“主语＋谓语＋宾语”或“施事＋行为＋受事”为基本语序，不同之处则体现在语言句内和句间语序的灵活性以及定、状语等次要成分位置的差异。

正是由于英语和汉语在表达手段和习惯上的差异，在英译汉的翻译实践中需要引入对语序调整的翻译方法。这也就是指对语序的处理，它是指在翻译过程中的语序调整。

具体来说，在时间上，汉语通常是按事件发生或出现的先后顺序排列，而英语句子的语序主要根据语境的需要来安排。在事理上，汉语的次序一般比较固定，通常按照先因后果、

先条件后结果、先假设后可能的顺序排列，而英语的词序则比较灵活，但通常是开门见山，直奔主题，然后再做解释。当就某事发表评论或观点时，汉语通常是先叙述后表态，即先描述事实，再做判断或结论。英语则正好相反，通常是先评论或表态，然后再说明有关情况。在英译汉的翻译过程中，如果不熟悉两种语言语序的异同，就很容易造成译文不通顺或引起各种误解。因此，在翻译中对语序的处理是必要的，而这也是使译文标准、通顺所不可缺少的手段。

二、调整词序

虽然英汉语句中的主要成分主语、谓语、宾语或表语的词序基本上是一致的，但各种定语的位置和各种状语的次序在英、汉语言中则有不同之处，这主要表现为定语和状语的前置与后置，以及多重修饰语在句中的位置次序的差异。汉语中的定语修饰语和状语修饰语往往位于被修饰语之前；而在英语中，许多修饰语常常位于被修饰语之后。因此，翻译时需要把原文的语序颠倒过来。

（一）调整名词性从句

1. 主语及主语从句

名词性从句的换序，首当其冲的就是主语及主语从句的换序。例如：

It was stipulated that the goods should be delivered in three days.

规定三天后发货。

2. 同位语及同位语从句

除主语从句外，名词性从句的换序还包括同位语及同位语从句的换序。例如：

Formerly a barn，it is now a school.

这里原来是个谷仓，现在成了学校。

本句没有翻译成“原来是谷仓，这里现在是个学校”，而是把同位语换到了主语的后面。

Yet，from the beginning，the fact that I was alive was ignored.

然而，从一开始，我仍活着的事实却偏偏被忽视了。

同位语从句 that I was alive 在翻译成汉语后变成了定语。

It does not alter the fact that he is the man responsible for the delay.

迟延应由他负责，这个事实是改变不了的。

同位语从句 that he is the man responsible for the delay 在翻译中变成了一个独立结构。

3. 表语及表语从句

That our environment has little to do with our abilities，characteristics and behavior is central to this theory.

这种理论的核心是，我们所在的环境与我们的才能、性格特征和行为之间的关系是微不足道的。

原来的表语 central to this theory，在译文中变成了主语，放在句首。

(二)调整宾语

在语序调整中，调动宾语的位置是很常见的一种方法。例如：

I had experienced oxygen and/or engine trouble.

不是氧气设备出故障，就是引擎出故障，或者它们都出故障，这些我都碰到过。

如果把该句译成“我碰到过，要么氧气设备出故障，要么引擎出故障，要么是两者都出故障。”宾语就太长了，所以将宾语提到句首。

The modern world is experienced rapid development of science and technology.

当今世界科学技术正在迅速发展。

(三)调整插入语

Behaviorists, in contrast, say that differences in scores are due to the fact that blacks are often deprived of many of the educational and other environmental advantages that whites enjoy.

相反，行为主义者认为，成绩的差异是由于黑人往往被剥夺了白人在教育及其他环境方面所享有的许多有利条件。

“in contrast”在原文句子中间，翻译成汉语后放在句首。in contrast 是一个副词短语作插入语，类似的还有：

Indeed：的确

Surely：无疑

However：然而

Obviously：显然

Frankly：坦率地说

Naturally：自然

Luckily：幸运的是

Fortunately：幸好

Strangely：奇怪

Honestly：真的

Briefly：简单地说等

当这些插入语在句中出现的时候，一般都会把它移到句首。

（四）调整定语

在英语中，单词作定语时，通常放在它所修饰的名词前，汉语中也大体如此，因此在翻译时一般采用同样的语序。但是有时英语中有后置的单词定语时，译成汉语时一般都前置。例如：

something important：重要的事情

life expectancy：预期寿命

如果英语中名词前的定语过多，在翻译时，不宜将这些定语完全前置，因为汉语不习惯在名词前用过多的定语。

在汉语表达中，通常将最能表明事物本质的定语放在最前面，而将表示力量强弱、规模大小的定语放在后面。例如：

a little，yellow，ragged beggar

一个要饭的，身材矮小，面黄肌瘦，衣衫褴褛

a modern，powerful socialist country

社会主义的现代化强国

此外，除了以词为定语外，还可以从短语作为定语。在英语中，修饰名词的短语一般都放在名词之后，而汉语则主要视习惯而定。例如：

their attempt to cross the river

他们渡江的企图

the decimal system of counting

十进制计算法

（五）调整状语

英语中单词作状语修饰动词时，一般放在动词之后，而在汉语里则放在动词之前。例如：

Modern science and technology are developing rapidly.

现代科学技术正在迅速发展。

在英语中，当单词作状语修饰形容词或其他状语时，通常放在它所修饰的形容词或状语的前面，汉语中也大致如此。例如：

He was very active in class.

他在班上很活跃。

在英语中表示程度的状语在修饰状语时可前置也可后置，而在汉语中一般都前置。例如：

He is running fast enough.

他跑得够快的了。

此外，除了以词为状语外，还可以短语作为状语。短语状语的位置在英语中可放在被修饰的动词之前或之后，短语状语在译成汉语时则大多数放在被修饰的动词之前，但也有放在后面的。例如：

She was born in Beijing on July 25，1985.

她是1985年7月25日在北京出生的。

A jeep full sped fast，drenching me in spray.

一辆坐满人的吉普车急驶而过，溅了我一身水。

英语中的地点状语一般在时间状语之前，而汉语中时间状语则往往放在地点状语之前。例如：

是从小到大，而在汉语中则是从大到小。例如：

The new students were working at the laboratory from 8 to 12 this morning.

今天上午8点到12点新同学在实验室工作。

三、调整句序

句序的调整主要出现在英语复合句中，主要包括逻辑顺序的调整和时间顺序的调整。

（一）调整逻辑顺序

有三种情况可以调整逻辑顺序。

1. 在表示条件（假设）与结果关系的英语复合句中

在表示条件（假设）与结果关系的英语复合句中，条件（假设）与结果的顺序也不固定，在汉语中则是条件在前，结果在后。例如：

I still hope you will come back if arrangements could be made.

如果安排得好，我还是希望你来。

2. 在表示目的与行动关系的英语复合句中

在表示目的与行动关系的英语复合句中，目的与行动的顺序比较固定，多数是行动在前，目的在后。在汉语中也是如此，但有时为了强调，可把目的放在行动之前。例如：

Better take your umbrella in case it rains.

以防下雨最好带上伞。

3. 在表示因果关系的英语复合句中

在表示因果关系的英语复合句中，因果顺序灵活，在汉语中多数情况是原因在前，结果在后。例如：

He had to stay in bed because he was ill.

因为他病了，所以只好待在床上。

(二)调整时间顺序

调整时间顺序有两种情况。

其一,如果英语复合句中包含两个以上的时间从句,则各个时间从句的次序比较灵活,而汉语一般按事情发生的先后安排其位置。例如:

He had flown yesterday from Beijing where he spent his vocation after finishing the meeting he had taken part in Tianjin.

他本来在天津开会,会议一结束,他就去北京度假了,昨天才坐飞机回来。

其二,在英语复合句中,表示时间的从句可以放在主句之前,也可以放在主句之后,汉语中则通常按事情发生的先后进行叙述。例如:

I went out for a walk after I had my dinner.

我吃了晚饭后出去散步。

第六章 多元文化碰撞下中国传统文化的英语翻译

随着中国国际影响力的与日俱增，世界各国对中国文化产生了浓厚的兴趣。为了弘扬中国文化，促进我国的对外交流，中国传统文化的翻译必须引起我们的足够重视，也必须成为翻译教学的一项重要内容。然而，中国文化博大精深，要想翻译好并非易事，教师必须为学生认真、全面地讲解中国文化的丰富内涵，这将有助于学生选择恰当的翻译方法。本章就从中国传统的节日文化、茶文化、服饰文化、建筑文化四个方面讨论其文化内涵及翻译方法，为教师的课堂翻译教学提供依据。

第一节　中国节日文化的英语翻译

一、中国节日文化

(一)中国节日的起源

中国的大多节日都与时令节气有着密切的关系，最早可以追溯到《夏小正》和《尚书》。到战国时期，一年中划分的二十四个节气已大致成型，这对后来的传统节日影响极大。宋人陈元靓的《岁时广记》说一年中的节日有元旦、立春、人日、上元、正月晦、中和节、二社日、寒食、清明、上巳、佛日、端午、朝节、三伏、立秋、七夕、中元、中秋、重九、小春、下元、冬至、腊日、交年节、岁除等，其中多数节日都为时令性节日。我国之所以有这么多的时令性节日，与我国农业文明的影响是分不开的。

(二)中国节日的庆祝方式

每一个传统节日都有其特殊的文化内涵和意蕴。在中国，庆祝节日的方式以饮食、团圆为主。

(1)饮食丰富。中国传统节日往往伴随大量的饮食文化，这些饮食通常具有丰富的寓意和深刻的内涵，传达了人们的祝福和祈愿。例如，为了表达人们期盼家人团圆之意，所吃的食物中多是圆形的，如汤圆、月饼。再如，部分地区的人们冬至时有吃馄饨的习俗，因为该时节正是阴阳交替、阳气发生之时，暗寓祖先开混沌而创天地之意，表达了对祖先的缅怀与感激之情。

(2)中国节日的庆祝方式通常以家庭为单位开展。中国自古就有“每逢佳节倍思亲”之说，因此逢年过节，游子们总会千里迢迢赶回家中过节，尤其是春节。

另外，很多中国传统节日里，如元宵节、端午节，人们也习惯同家人一起观赏、参加一些节日活动，很少独自前往。这反映了中国节日以“家”为中心的文化特色。

(三)中国主要节日介绍

1.春节

在中国,春节是最重要也最隆重的节日,至今已有四千多年的历史,它是一家团圆、普天同庆的日子,充满了欢乐、祥和的气氛。

春节是辞旧迎新的节日,很多地方一进入腊月就开始准备春节的各项用品。尤其是腊月二十三小年过后,春节的气氛更加浓郁,身在异地的人们陆陆续续往家赶,在家的人们打扫庭院,寓意“除尘(陈)布新”。到了大年三十,人们白天贴对联、倒福字,晚上全家人在一起包饺子、吃团圆饭、看春晚、放鞭炮,好不热闹。正月初一一大清早,人们喜气洋洋地穿街走巷去拜年,祈愿新的一年平安、幸福、万事如意,小孩子给长辈拜年还能得到驱邪保平安的压岁钱。需要注意的是,过年期间忌讳说晦气话(如“没了”“不够”“少了”“死”“破”等),多说吉利话(如“好”“发”“多”“余”等),以期新的一年有个美好的未来。

虽然严格来说,春节仅指正月初一那一天,但过年的这种热闹、欢乐的气氛却从小年一直延续到元宵节。由此可见,春节之于中国人而言是十分重要的,可以说是中国节日文化最典型的代表。我国古人赞颂春节的诗词歌赋不胜枚举。例如:

元　日

宋·王安石

爆竹声中一岁除,
春风送暖入屠苏。
千门万户曈曈日,
总把新桃换旧符。

2.元宵节

正月是农历的元月,古人称夜为“宵”,所以称正月十五为元宵节。元宵节是正月里继春节后又一重要的团圆节,又称“上元节”。元宵节始于两千多年以前。汉文帝时期,正月十五被正式定为元宵节。

元宵节这一天,无论白天还是晚上,大街上都人潮涌动、喜气洋洋。尤其是到了夜晚,舞龙舞狮的队伍此起彼伏,各式各样的花灯光彩夺目,另外还有烟火、字谜、扭秧歌等各种活动,可以说是热闹非凡。宋代著名词人辛弃疾就有一首描写元宵节热闹场面的词作。

青玉案·元夕

宋·辛弃疾

东风夜放花千树，
更吹落，星如雨。
宝马雕车香满路。
凤箫声动，玉壶光转，
一夜鱼龙舞。
蛾儿雪柳黄金缕，
笑语盈盈暗香去。
众里寻他千百度，
蓦然回首，那人却在，
灯火阑珊处。

3. **中秋节**

中秋节，又称“月夕、仲秋节、八月节、八月会、追月节、玩月节、拜月节、女儿节或团圆节”，时在农历八月十五；恰值三秋之半，故名。[1] 传说，中秋节是为纪念嫦娥奔月而定的。对中国人而言，中秋节也象征着合家团圆。在这一天，人们会聚在家里吃月饼、赏月，陪伴家人共享天伦之乐。关于中秋节的古诗词也数不胜数。例如：

水调歌头

宋·苏轼

明月几时有？把酒问青天。
不知天上宫阙，今夕是何年。
我欲乘风归去，又恐琼楼玉宇，高处不胜寒。
起舞弄清影，何似在人间。

转朱阁，低绮户，照无眠。
不应有恨，何事长向别时圆？
人有悲欢离合，月有阴晴圆缺，此事古难全。
但愿人长久，千里共婵娟。

---

[1] 殷莉，韩晓玲，等. 英语习语与民俗文化[M]. 北京：北京大学出版社，2007：44.

二、中国节日文化的翻译方法

(一)中国节日名称的翻译

中国的传统节日、节气虽然种类繁多,但却数量有限。在翻译这些名称时应以传递原文的文化信息为主要目的,故可采取直译为主、意译为辅的策略。表 6-1 是一些常见的节日、节气的英文翻译,仅供参考。

表 6-1　中国主要节日和节气的英译

名称	英译名
元旦	New Year's Day
春节	the Spring Festival
元宵节	the Lantern Festival
清明节	the Ch'ing Ming Festival
端午节	the Dragon Boat Festival
中秋节	Mid-Autumn Festival
国庆节	National Day
立春	Start of Spring
雨水	Rain Water
惊蛰	Awaking of Insects
春分	Spring Equinox
清明	Clear and Bright
谷雨	Grain Rain
立夏	Start of Summer
小满	Grain Buds
芒种	Grain in Ear
夏至	Summer Solstice
小暑	Minor Heat
大暑	Major Heat
立秋	Start of Autumn
处暑	End of Heat
白露	White Dew
秋分	Autumn Equinox
寒露	Cold Dew
霜降	Frost's Descent
立冬	Start of Winter
小雪	Minor Snow
大雪	Major Snow
冬至	Winter Solstice
小寒	Minor Cold
大寒	Major Cold

(二)中国节日习俗的翻译

1. 直译

直译是一切翻译的首选方法,其特点是保留原文形式和内容,为读者呈现原汁原味的源语文化。需要指出的是,直译并非万能的,它只适用于那些较好理解的中国节日翻译,对那些内涵太过丰富、复杂的节日习俗,直译总是显得力不从心。例如:

宝玉道:"以后断不可烧纸钱。这纸钱原是后人异端,不是孔子的遗训。以后逢时按节,只备一个炉,到日随便焚香。一心诚虔,就可感格了。愚人原不知,无论神佛死人,必要分出等例,各式各例的。殊不知只一'诚心'二字为主。"

(曹雪芹《红楼梦》)

"In the future, she(Ouguan) mustn't burn paper coins. That's a later practice and a heretical one, not based on the instructions of Confucius. At all future festivals she need only burn some incense in a censer; and if her heart is pure, Diguan's spirit will know it. Foolish people don't understand and have different sorts of sacrifices for the gods, Buddha and the dead ; where-as actually the important thing is just sincerity."

(杨宪益、戴乃迭 译)

宝玉道:"必是老太太忘了。明儿不是十一月初一日么,年年老太太那里必是个老规矩,要办消寒会,请大伙儿坐下喝酒说笑。"

(曹雪芹《红楼梦》)

"She must have forgotten. Tomorrow's the first of the eleventh month, isn't it? It used to be her rule every year to hold a 'cold-dispelling party' that day, getting everybody together to drink and have fun."

(杨宪益、戴乃迭 译)

2. 意译

有些中国节日习俗文化久远、内涵丰富,无法简单直译出来,对此,译者必须舍弃字面忠实,而将其内在含义、文化意蕴翻译出来,这样才算是真正做到了忠实。例如:

"你两个在这里帮着两个师傅替我拣佛豆儿,你们也积积寿,前儿你姊妹们和宝玉都拣了,如今也叫你们拣拣,别说我偏心。"……两个姑子先念了佛偈,然后一个一个的拣在一个簸箩内,每拣一个,念一声佛。明日煮熟了,令人在十字街结寿缘。

(曹雪芹《红楼梦》)

"Then you two must help the two nuns to pick some Buddhist beans for me. That'll bring you long life too. The other day your girl cousin's and Baoyu did that; so I want you to do it too, and then you can't accuse me of favoritism." First the two nuns chanted some Buddhist incantations over it, then they picked out the beans one by one and put them in a

basket, chanting the name of Buddha over each. These beans would be cooked and distributed at the crossroads to bring longevity.

（杨宪益、戴乃迭　译）

贾蓉接过禀帖和帐目，忙展开捧着，贾珍倒背着两手，只看红禀帖上写着："门下庄头乌进孝叩请爷、奶奶万福金安，并公子小姐。新春大喜大福，荣贵平安，加富进禄，万事如意。"

（曹雪芹《红楼梦》）

Jia Rong took the card and list and held them out while Jia Zhen, his hands behind his back, read them. On the red card was written: "Your servant, Bailiff Wu Jinxiao, kowtows to wish the master and mistress boundless happiness and good health, and good health to the young master and young mistresses too. May the New Year bring you great happiness and good fortune, wealth, nobility and peace. May you be promoted with increased emoluments and have all your wishes come true."

（杨宪益、戴乃迭　译）

第二节　中国茶文化的英语翻译

一、中国茶文化

从古至今，茶一直深受中国人的喜爱。从另一种程度上说，对于茶的喜爱不仅丰富了中国人的物质生活，同时也变为了一种精神上的享受。下面介绍中国的茶文化。

（一）中国茶文化的产生与发展

茶文化起源于中国，而中国的茶文化则起源于四川。由于巴蜀地区有茶树生长的得天独厚的条件，因此中国最早的饮茶文化在此发源。到秦始皇统一中国之后，茶文化由四川广泛传播出来，至三国时期，长江流域的居民已经将饮茶作为了自己的一种生活习惯。在唐宋之后，饮茶文化已经相当盛行，最终发展到了西北和西藏地区。

（二）中国茶的分类

茶史专家认为，茶叶可以分为红茶、绿茶、花茶、白茶、乌龙茶、紧压茶六种。对于不同茶类的喜好，又根据不同地区、不同习惯的人们而异。中国的茶道在中国的历史上也占据着重要的地位，甚至饮茶文化在很大程度上反映着中国广博的文化和历史。

（三）中国茶具

中国人对饮茶十分讲究，自古便有"饮茶配美器"的说法。茶道也是如此，茶道除了讲究茶的色、香、味之外，对茶具的使用也十分考究。主要的茶具包括，茶榨、茶槽、茶宪、风炉、茶匙、乘灰、茶鼎、茶瓯、茶磨、茶碾、茶臼、茶柜、茶笼、茶罗、茶囊、茶瓢、茶筐、茶板、茶挟等。在中国，很多地方都会有茶馆作为人们喝茶休憩的场所。

(四)茶的作用

在中国古代，茶在祭祀、论婚嫁、待客等众多场合都有使用，即使在平时的生活中，很多家庭也经常饮茶。中国人注重“食补”，因此对茶的推崇与其对身体的益处也密不可分。茶饮具有少睡、安神、明目、清头目、止渴生津、清热、消暑、解毒、醒酒、消食、去肥腻、下气、利水、通便、治痢、祛痰、祛风解表、坚固牙齿、治心痛、疗疮治瘘、治疗饥饿、益气力、延年益寿、其他(烧烟辟烟蝇)等功效。

二、中国茶文化的翻译方法

(一)音译法

音译法适用于以产地命名的茶名翻译。例如：

惠明茶(浙江) Huiming tea

紫阳茶(陕西) Ziyang tea

南京雨花茶(江苏) Nanjing Yuhua tea

龙井茶(浙江) Longjing tea

黄山毛峰茶(安徽) Huangshan Maofeng tea

蒙顶茶(四川) Mengding tea

林之孝家的又向袭人等笑说：“该沏些个普洱茶吃。”袭人晴雯二人忙笑说：“沏了一盅子女儿茶，已经吃过两碗了。大娘也尝一碗，都是现成的。”

(曹雪芹《红楼梦》第六十三回)

Mrs. Lin advised Xiren and Qingwen to brew him some Puer tea.

“We've made him some nuer tea and he's drunk two bowls. Won't you try some, madam?” They answered. “It's already brewed.”

(杨宪益、戴乃迭　译)

(二)意译法

意译法适用于以茶叶特点命名的茶名翻译。例如：

白毫茶 Pekoe tea

红茶 Black tea

绿茶 Green tea

乌龙茶 Oolong tea

砖茶 Brick tea

(茉莉)花茶 Jasmine tea

菊花茶 Chrysanthemum tea

坐定,家人捧上茶来。揭开来似白水一般,香气芬馥,银针都浮在水面,吃过,又换了一巡真“天都”,虽是隔年陈的,那香气尤烈。

(吴敬梓《儒林外史》)

Once they were seated, a servant brought in tea. When the bowls were uncovered the tea looked as pale as water; but it gave off a rare fragrance, and the leaves were floating on the surface. Following this, some Tientu tea was served. And although the leaves had been kept for over a year, this brew was even more fragrant than the first.

(杨宪益、戴乃迭　译)

(三)音意结合法

音意结合法适用于以产地+茶叶特点命名的茶名翻译。例如:

信阳毛尖(河南) Xinyang green tea

铁观音(福建) Iron Buddhist(A variety of Oolong tea)

苏州花茶(江苏) Suzhou jasmine tea

祁门红茶(安徽) Qimen black tea

婺源绿茶(江西) Wuyuan green tea

在中国古典名著《红楼梦》中,有很多关于茶的描写,对于其准确翻译,不仅能够帮助西方读者更好地了解中国的茶文化,对于中国文学的传播也大有裨益。例如:

贾母道:“我不吃六安茶。”

妙玉笑道:“知道,这是老君眉。”

(曹雪芹《红楼梦》)

译文 1:

“I don’t drink Liuan tea,”said the old lady.

“I know,”replied Miao-yu smiling.“This is Patriarch’s Eyebrows.”

(杨宪益　译)

译文 2:

“I don’t drink Lu-an tea,”said Grandmother Jia.

“I know you don’t”,said Adamantina with a smile.“This is old—Man’s Eyebrows.”

(霍克斯　译)

原文中出现的“六安茶”和“老君眉”都是中国的传统名茶。其中“六安茶”产自安徽霍山县,历代都作为贡品,因此享负盛名。因霍山县属于六安郡,所以称其为六安茶。“老君眉”为产自湖南洞庭湖君山的毛尖茶,由于其茶行如老人的眉毛,带有增寿延年的寓意,因此广受老人的喜爱。在两个译文中对“六安茶”进行了音译，“老君眉”进行了意译，因此都是正确的译法。

第三节 中国服饰文化的英语翻译

一、中国服饰文化

（一）中国传统服饰的颜色

《舆服志》曾有这样的记载：“夏尚黑，商尚白，周尚赤，秦复夏制尚黑，汉复周制尚赤；唐服尚黄而旗帜尚赤，宋相沿，元尚黄；明改制取法周、汉尚朱（赤）；清又复黄。家国一统，少有逾越。”可见，中国服饰的色彩具有强烈的时代性与等级性。

1. 时代性

上古时代的先人认为黑色是支配万物的天帝色彩，因此夏、商、周时期均采用黑色来制作天子的冕服。后来，封建集权制的发展使人们逐渐淡化了对天神（黑色）的崇拜，并转向对大地（黄色）的崇拜，“黄为贵”的观念由此形成。

2. 等级性

阴阳五行学说也对中国的服饰色彩产生了重要影响。具体来说，阴阳五行学说将青、红、黑、白、黄这五种颜色定为正色，其他颜色为间色。正色为统治阶段所专用，普通大众不得使用，否则会遭受杀身或株连之罪。

（二）中国传统服饰的图案

中国传统服饰常使用寓意美好、吉祥的图案，这一点无论在达官贵人的服装上还是在平民百姓的服装上都有体现。例如，九龙戏珠、龙飞凤舞、龙凤呈祥等图案表达着中国人作为“龙的传人”的自豪，凤穿牡丹、喜鹊登梅、鹤鹿同春等图案则寄托了广大劳动人民对美好生活的希望。

（三）中国传统服饰的材料

中国的服饰材料较为丰富，包括麻、丝、棉等。其中，丝是最具中国特色的服饰材料。

中国早在5000年前就开始养蚕、缫丝、织丝，是世界上当之无愧的丝绸之国。更具体地说，丝是一种总称，根据织法、纹理的差异，丝还可以细分为素、缟、绫、纨、绮、锦、纱、绸、罗、抽、缣、绢、缦、缎、练等，可见中国的制丝工艺已发展到相当高的水平，充分体现出中国人民的智慧。

丝绸质地细腻柔软，可用于多种类型的服装及披风、头巾、水袖等。此外，丝绸具有一种飘逸的美感，穿在身上时可通过人的肢体动作展现出一幅流动的画面，具有独特的动人

效果。

(四)中国传统服饰的款式

华夏民族的服饰为上衣下裳，这种形式大约出现在5000年前，并且在商周时期得到了固定。春秋战国时期，深衣式袍服开始盛行。南北朝时期，女性的服装开始从汉代连在一起的深衣制变为了上衣下裙的穿着。唐朝时期由于女性观念的开放，其穿着较为大胆，出现了“宽袖大袍、交领掩胸”的样式。自清朝入关后，中国服饰开始出现了大的变革，汉族的女性在清朝时期仍沿袭旧制，上穿袄衫，下配长裙，但男士的衣服出现了很大的变化：清朝男子下穿长裤，上着开衩长袍，长袍衣袖窄小，接箭袖(即在窄袖口外接半圆形的袖头，因其形似马蹄，因而又称“马蹄袖”)。在这身装束之外，人们还会再外搭一件长不过腰、袖仅掩肘的马褂。

近代中国服饰的典型代表就是中山装。中山装产生于20世纪20年代，由孙中山先生设计而成，其中不仅包含了中国传统文化，还融入了孙中山先生救国救民的思想，体现出进步的中国人在着装乃至在精神方面的追求。概括来说，中山装里蕴含以下思想：

(1)门襟五粒纽扣表示行政、立法、司法、考试、监察五权分立。

(2)袖口三粒纽扣代表三民主义，即民族、民权、民生。

(3)前身四个口袋表示国之四维，即礼、义、廉、耻。

(4)后背不破缝，象征国家的和平与统一。

(5)衣领定为翻领封闭式，显示严谨治国的决心。

由上可知，中山装融合了中西方服饰的特点，既表现对称之感，符合中国人的审美习惯，又显得精练、大方、简便、端庄。另外，儒家思想注重人的自身修养，认为统治者要仁政爱民，做人要讲究礼义，中山装正是中国传统哲学思想的真实写照。

(五)中国人的服装审美

中华文明历史悠久，但是却带有自身的闭塞性，因此在对服装的选择上也趋向于“原体”意识。中华传统服装在长期的历史进程中创新和改变较少，这点和儒家思想的传播也有重要的联系。

儒家思想重视礼仪，因此中国服饰在整体上以宽博为主，不对人体曲线进行凸显，表现出一种庄重和含蓄之美。对女性服饰的设计，在直线与曲线剪裁中，含蓄地体现出女性的魅力，体现出一种大方的气韵。

(六)中国人的着装观念

中国是礼仪之邦，传统礼教影响巨大。因此，中国人认为服饰就是一块用来遮蔽身体的“精神的布”，服饰的作用在于体现礼仪观念以及区分穿着者的权力和地位。近年来，随着改革开放的推进，人们的穿着观念有所变化，但这种传统的礼仪服饰观念仍然根深蒂固。

(七)中国人的服装礼仪

在传统的东方服饰中，旗袍和中山装是其代表。但是随着时代的发展，中国的服装也逐渐多元化。在穿衣时，中国人的服装可以分为中式服装和西式服装。

中国的服饰礼仪在红白事中体现得尤为明显。在丧事上，中国人习惯穿白色的衣服，从而显示出对死者的尊重。在喜事上，新娘和新郎多穿红色衣服，代表喜庆、红红火火。

二、中国服饰文化的翻译方法

(一)直译法

直译就是使译文在意义、结构两个方面都与原文保持一致。在进行服饰文化的翻译时，大多数情况下都可直接采取直译法，这样一方面可以保留中国服饰文化的韵味，另一方面也便于外国读者对其的理解。例如：

一面说，一面见她穿着弹墨绫薄绵袄。外面只穿着青缎夹背心，宝玉便伸手向他身上摸了一摸，说，“穿这样单薄，还在风口坐着，看天风馋，时气又不好，你再病了，越发难了。”

(曹雪芹《红楼梦》)

Noticing that she was wearing a thin padded skilk tunic with black dots under a lined blue silk sleeves jacket, he reached out to feel her clothes.

“You shouldn’t sit in the wind so lightly dressed,” he remarked. “If you fall ill too in this treacherous early spring weather, it will be even wrose.”

(杨宪益、戴乃迭　译)

(二)意译法

意译法多用来处理那些字面意思与实际含义不对等或源语中特有的文化因素的情况。通过前面的介绍可知，中国传统服饰文化独具特色且博大精深，很多时候难以直译，此时最好采用意译法，力求将中国服饰文化传递出来，以实现弘扬中国文化、促进跨文化交流的目的。例如：

这女人尖颧削脸，不知用什么东西烫出来的一头鬈发，像中国写意画里的满树梅花，颈里一条白丝围巾，身上绿绸旗袍。光华夺目，可是面子亮得像小家女人衬旗袍里子用的作料。

(钱钟书《围城》)

The woman had prominent cheekbones and a thin face. Her hair, waved by some unidentified instrument, resembled a plum tree in full bloom in a Chinese impressionist painting. Around her neck she wore a white silk scarf and was dressed in green silk Chinese dress which was dazzling resplendent, but shiny like the material high-class girls used for lining.

(珍妮·凯利、茅国权　译)

一日张静斋来问候，还有话说。范举人叫请在灵前一个小书房里坐下，穿着衰绖出来相见，先谢了丧事里诸凡相助的话。

（吴敬梓《儒林外史》）

One day Mr. Chang called, and asked to speak to Mr. Fan. He was invited into a small library in front of the shrine. Presently Mr. Fan came out in his mourning clothes, and began by thanking him for all his assistance during the mounring.

（杨宪益、戴乃迭 译）

（三）解释性翻译

一个民族的服饰特点渗透着一个民族深厚的文化底蕴。在翻译具有丰富文化内涵的服饰时，为帮助译入语读者进行有效的理解，可在译文中进行适当解释。例如：

那时天色已明，看那人时，三十多岁光景，身穿短袄，脚下八搭麻鞋，面上微有髭须。

（吴敬梓《儒林外史》第三十九回）

It was light enough now for him to see this fellow: a man in his thirties with a stubbly growth on his chin, who was wearing a short jacket and hempen shoes.

（杨宪益、戴乃迭 译）

（方鸿渐）跟了上桥，这滑滑的桥面随足微沉复起，数不清的藤缝里露出深深在下墨绿色的水，他命令眼睛只注视孙小姐旗袍的后襟，不敢瞧旁处。

（钱钟书《围城》）

As he followed her onto the bridge, the smooth surface gave way slightly under his feet, then bounced back again. The inky green color of the water far below showed throught the countless crackes in the rattan. He fixed his eyes on the back of hem of Miss Sun's Chinese dress (ch'i-p'ao) and didn't dare glance either side.

（珍妮·凯利、茅国权 译）

（四）改译法

改译法是译者对原文篇幅或内容作一定程度的改变或调整，使译文从文化背景、风俗习惯等方面顺应译语读者，最终实现翻译目的的翻译方法。在翻译中国传统服饰时，对那些难以直译、意译，解释起来又很麻烦的服饰名词，译者可采用改译的方法，将原文中的服饰词汇改译成英美文化中与之形似事物的名词，以方便英语读者理解。例如：

坐了一会儿，院中出来了个老者，蓝布小褂敞着怀，脸上很亮，一看便知道是乡下的财主。

（老舍《骆驼祥子》）

Presently an old man came out of the yard. He was dressed in a blue cotton jacket open in front and his face shone. You could tell at a glance that he was a man of property.

（施晓菁 译）

琥珀拉着他(刘姥姥)说道:“姥姥,你上来走,仔细苍苔滑了。”刘姥姥道:“不相干的,我们走熟了的,姑娘们只管走罢。可惜你们的绣花鞋。别沾脏了。”

(曹雪芹《红楼梦》)

“Come up here,granny,”urged Hupo taking her arm. “That moss is slippery.”

“That's all right,I'm used to it,”said the old woman. “Just go ahead, young ladies. Take care not to get your embroidered slippers dirty.”

(杨宪益、戴乃迭 译)

第四节 中国建筑文化的英语翻译

一、中国的建筑文化

(一)中国的建筑观念

中国建筑重视建筑的功能性,具有温和、实用、平缓、轻捷的特征。尤其是中国的民居,往往体现出浓郁的生活气息。可以说,中国古代建筑是“人本主义建筑”。

(二)中国的建筑布局

受集体主义观念的影响,中国建筑不注重单个建筑的高大,而注重群体建筑的宏伟。因此,中国建筑常常是由一个个的单位建筑组合而成一个大的建筑群,讲究中轴对称,追求纵深效果,体现出内向、封闭、严谨的特点。

民居建筑通常以“间”为单位构成单体建筑,若干个单体建筑组成庭院,若干个庭院构成建筑群。无论是单体建筑还是建筑群,都有一个共同的特点,即多为方形,且以南北纵轴和东西横轴来设计安排主要建筑和次要建筑,并用围墙分割单体建筑、整个建筑群,形成一个又一个的封闭式空间。这种方形布局在中国古代的城市建设上也有着明显的体现。

(三)中国的建筑色彩

就颜色来说,中国古代建筑色彩鲜艳,多以红、黄、绿、蓝为殿堂的主色调,以色泽圆润的汉白玉为台基,从而形成强烈的对比,彰显出中国建筑的雍容华贵、端庄大气之美。需要指出的是,红、黄两色是王公贵族多用的颜色,普通百姓一般不可使用,也没有能力建造出红墙绿瓦黄琉璃的居所,这是中国古代森严的等级制度所造成的。

(四)中国的建筑结构

中国古代建筑普遍采用“木结构”。由于建筑种类和所在地区不同,这种“木结构”有很多分类,其中“抬梁式”的结构最重要,也最典型。所谓“抬梁式”,就是以梁柱为骨架的斗拱结构,多见于宫殿、寺庙等高级建筑中。

(五)中国的建筑类型

1.上栋下宇式

上栋下宇式民居巧妙利用地面空间建筑居室,具有夯实的地基,以土、木、石等为主要原料,做工精细。这种民居体现着封建的等级秩序,与我国宗法制的家庭结构相适应,是中国民居的典型代表。值得一提的是,上栋下宇式民居虽在全国范围内普遍存在,但具体的建筑形式往往因地域不同而各有特色,如南方客家围楼为环形住宅,而北京的四合院就属于庭院住宅。

2.干栏式建筑

干栏式建筑多见于潮湿的西南方,它利用竹柱或木柱做成离开地面一定距离的底架,然后在这个架空的建筑基座上再通过立柱、架梁、盖顶等步骤建造成住宅。干栏式建筑一般分为上下两层,楼上住人,楼下堆放杂物或养牲畜。中国南方地区潮湿闷热,而这种建筑可以通风、防兽、回避潮湿,非常适合当地的气候。在我国的云南、广西、贵州、海南、台湾等地,干栏式建筑仍然是某些少数民族的主要居住方式。

3.帐篷式

帐篷因容易拆卸而成为许多游牧民族的主要居住方式,在当今社会也成为登山、旅游、勘探的理想住所。帐篷种类繁多,既有临时性的也有长期性的,既有圆拱形、圆锥形、方形等规则外形的,也有其他一些不规则外形的。帐篷的制作材料也非常丰富,包括布匹、羊毛、桦树皮、兽皮等。如今,西藏、青海、甘肃等地的藏族,西北地区的哈萨克族以及东北地区的鄂温克族、达斡尔族、蒙古族仍以帐篷为主要的居住方式。

4.洞穴居

洞穴居是人类最古老的居住方式,祖先们为了躲避风雨、野兽,常常会居住在洞穴里。随着生产力的发展,洞穴居也从天然洞穴发展到人工洞穴。今天,我国的洞穴居主要是利用地形、地势、地物等天然条件建造而成的固定的生活空间,主要表现为陕西、山西和西北的部分地区普遍使用的窑洞。窑洞利用黄土的直立性而在山坡上向水平纵深掏出一个半圆形的洞穴,冬暖夏凉,故而受到当地人的喜爱。

二、中国建筑文化的翻译方法

(一)意译法

中国建筑与西方建筑的差异巨大,因此绝大多数中国建筑很难采用直译的方法来翻译,而只能用意译法来处理。例如:

进入三层仪门,果见正房厢庑游廊,悉皆小巧别致,不似方才那边轩峻壮丽;且院中随处之树木山石皆在。一时入正室,早有许多盛妆丽服之姬妾丫鬟迎着,邢夫人让黛玉坐了,一面命人到外面书房去请贾赦。

（曹雪芹《红楼梦》）

When they had passed three ceremonial gates she saw that the halls, side chambers and covered corridors although on a smaller scale were finely constructed. They had not the stately splendor of the other mansion, yet nothing was lacking in the way of trees, plants or artificial rockeries.

As they entered the central hall they were greeted by a crowd of heavily made-up and richly dressed concubines and maids. Lady Xing invited Daiyu to be seated while she sent a servant to the library to ask her husband to join them.

（杨宪益、戴乃迭 译）

这里薛姨妈和宝钗进园来瞧宝玉，到了怡红院中，只见抱厦里外回廊上许多丫鬟老婆站着，便知贾母等都在这里。

（曹雪芹《红楼梦》）

When Aunt Xue and Baochai reached Happy Red Court to inquire after Baoyu, they knew from the throng of maids and nurses on the verandah that the Lady Dowager and others must be there.

（杨宪益、戴乃迭 译）

（二）释义法

通过中国民居可以感受到鲜活的生活气息。这些建筑不仅曲线优美，还常常通过细小之处来表达生活情趣。因此，对一些具有特定含义的建筑名词进行解释就显得十分必要。例如：

方一转身，只见有一小门，门上挂着葱绿撒花软帘。刘姥姥掀帘进去，抬头一看，只见四面墙壁玲珑剔透，琴剑瓶炉皆贴在墙上，锦笼纱罩，金彩珠光，连地下踩的砖，皆是碧绿凿花，竟越发把眼花了，找门出去，那里有门？左一架书，右一架屏。刚从屏后得了一门，才要出去，只见他亲家母也从外面迎了进来。

（曹雪芹《红楼梦》）

With a nod and couple of sighs of admiration she moved on to a small door over which hung a soft flowered portiere. She lifted this, stepped through and looked around.

The four walls here were paneled with cunningly carved shelves on which were displayed pyres, swords, vases and incense-burners. They were hung moreover with embroidered curtains and gauze glittering with gold and pearls. Even the green glazed floor-tiles had floral designs. More dazzled than ever she turned to leave—but where was the door? To her left was a bookcase, to her right a screen. She had just discovered a door

behind the screen and stepped forward to open it when, to her amazement, her son-in-law's mother came in.

（杨宪益、戴乃迭 译）

请韦四太爷从厅后一个小巷内曲曲折折走进去，才到一个花园。那花园一进朝东的三间，左边一个楼便是殿元公的赐书楼。楼前一个大院落，一座牡丹台，一座芍药台，两树极大的桂花正开的好。后面又是三间敞榭，横头朝南三间书房后，一个大荷花池，池上搭了一条桥。过去又是三间密屋，乃杜少卿自己读书之处。

（吴敬梓《儒林外史》）

Presently he led Mr. Wei by a passage from the back along a winding path to the garden. As you went in you saw three rooms with an eastern exposure. A two-storeyed building on the left was the library built by the Number One Scholar, overlooking a large courtyard with one bed of moutan peonies and another of tree peonies. There were two huge cassia trees as well, in full bloom. On the other side were three summer houses, with a three-roomed library behind them overlooking a great lotus pool. A bridge across this pool led you to three secluded chambers where Du Shao-wing used to retire to study.

（杨宪益、戴乃迭 译）

第七章 多元文化碰撞下的其他典型中国文化的英语翻译实践

第一节　人名、地名文化及英语翻译

人名、地名虽然是语言中的一个细小组成部分，但却涉及地理、历史、心理、民俗等各个领域，有着丰富的文化内涵。在语言学上人名、地名统称为专名，即某一事物的专有名称。其来源、结构、意义、变化等反映了其所在地的文化。而且不同地域的人名和地名有着巨大的差异，在此我们将对英汉人名、地名文化及其翻译进行详细介绍。

一、汉语人名、地名文化

（一）汉语人名文化

姓名作为一种特定指称和符号，为每个社会成员所有，是个人及其家族的指代，在社会生活中具有识别社会成员的作用。无论在中国还是在西方国家，姓名的形成、发展及演变都经历了一个漫长的历史过程，不仅构成了当地文化的一项重要内容，也反映了当地文化的特色。

1.汉语姓氏的来源及含义

（1）源自祖先的字或名。源自祖先的字或名的姓氏很多，有五六百个。例如，周平王的庶子字林开，后来其后代就姓林；宋戴公之子公子充石，字皇父，汉代时改皇父为皇甫，而后其子孙就以皇甫为姓氏。

（2）帝王赐姓。中国古代帝王出于褒赏、笼络的目的，常对有功之臣赐予“国姓”，也就是皇姓。例如，唐代以李为国姓，唐初李家为巩固势力而对归附的各路首领赐以国姓，如幽州罗艺、石州刘孝真、江淮杜伏威、河北高开道等。

（3）源自居住地。汉语中还有很多姓氏以出生或居住的自然环境为姓。例如，春秋时期鲁庄公之子公子遂，字襄仲，由于他住在东门，号称东门襄仲，因而其后代便以东门为姓。类似的还有西门、南郭、北郭等。

（4）源自国名。现在汉语中很多的姓氏都源自夏、商、周时代的诸侯国。由于夏、商、周三代施行封侯赐地的宗法制，致使当时存在很多大大小小的诸侯国，这些国名后来就成为这些诸侯后代的姓。例如，崇、程、房、杜、雷、习、廖、顾、阮、彭、秦、齐、鲁、晋、越、楚、韩、宋、邓等。

（5）源自职业。中国素来就有子承父业的传统，而且子承父业也是中国古代职业技艺相传的主要途径，因此后代也往往以世代相传的职业、技艺为姓。例如，卜、陶、匠、甄（制瓦器）、屠（宰杀牛羊）等。

(6)源自官职。汉语中源自官职的姓氏也有很多。在夏、商、周三代均设官职,通常为官者的后代便以祖先的官职名称为姓,如司徒、司马、司空、太史等。再如,汉代设有治粟都尉一职,相当于今天的粮食部部长,因此其后代便以粟为姓。

2.汉语取名方式及含义

(1)以父母的姓、名取名。父母用自己的姓或名给孩子取名的现象在中国十分常见。例如,父亲姓林,母亲姓陈,则可能给孩子取名为“林陈”。

(2)以长辈的寄托取名。长辈常常将自己的期望融入孩子的名字中。例如,希望耀祖光宗的名字有“汤显祖”“郑光祖”等;希望消灾祛祸长命百岁的名字有“霍去病”“辛弃疾”“王鹤寿”“毛延寿”等;希望家业昌盛的名字有“承嗣”“隆基”“继业”等。

(3)以出生地点取名。为了表示孩子出生的地点,使孩子将来不忘本等,父母常以孩子的出生地点为孩子取名。例如,郭沫若先生出生在四川乐山,乐山的大渡河古名为沫水,雅砻江古名为若水,因此合此两江的古称而取名为“沫若”。

(4)以出生时间取名。汉语中名字的一个重要来源就是孩子出生的时间或天气状况。例如,春天出生的孩子叫“春生”;出生时外面正在下雪则叫“小雪”等。类似的还有“冬生”“雪晴”等。

(5)以历史事件取名。以历史事件取名的情况也十分常见,这类取名主要是纪念社会历史变迁,以及一些重大事件的发生。例如,“建国”“解放”“国庆”“土改”“援朝”等就是为了纪念新中国诞生等大事件而得名。

(6)以动植物取名。中国人多喜欢借物抒情、以景寓情,所以常用一些象征威武雄壮、富有神奇力量的动物名称来为男孩取名,如龙、鹏、虎等;而常用植物的花卉为女孩取名,如梅、莲、荷等。

(7)以出生顺序和体重取名。孩子出生时的顺序、体重是中国人尤其是文学作品中人物取名的一个重要来源。例如,按出生顺序取名的有“王老大”“王小二”“王小三”等;按出生时的体重取名的有“七斤”“八斤”“九斤”等。

(8)以汉字结构取名。中国人还常对姓氏笔画作加减或将姓氏拆开或叠字来取名,如“王玉”“吕品”“聂耳”“盛成”“张长弓” “胡古月”“雷雨田”“李师师”等。

(9)以器物取名。人们也常将代表美好事物或具有特别深意的器物融入到人名之中。例如,宋代著名词人苏轼的名字就属于这类。“轼”本为车前横木,用来凭靠嘹望。尽管“轼”不如车轮、车身等重要,却是车子必不可少的组成部分。以“轼”为名,暗含着长大之后不要成为装饰、浮华之人,而要成为低调、朴实的有用之人。类似的名字还有“宝玉”“金斗”“金莲”“铜锁”“宝珠”等。

3.古代汉语中字、号的文化内涵

除姓名之外,古代汉语人名文化中还包含字和号,这是汉语人名文化的一大特色。

(1)字的文化内涵。中国人对于取名十分讲究,士大夫和文人学者更是如此。这些有学识、有地位的人常会给自己取一个字，用以社会交际。字是“根据人名中的字义，另取的别名”。由此可知，字是从名演化而来的，和名有着密切的联系。具体来讲，字与名有着以下几种联系：

①字与名意义相顺。赵云，字子龙，字与名出自《周易》：“云从龙，风从虎。”意思相顺；曹操，字孟德，字与名出自《荀子·劝学》：“生乎由是，死乎由是，夫是之谓德操。”德操即道德操守，字是名的解释与补充。

②字与名意义相延。例如：李白，字太白，“太白”指的是太白金星，延伸了白的含义；杜牧，字牧之，“牧之”就是放牧的意思，延伸了牧的含义。

③字与名意义相同。例如：张衡，字平子，“衡”与“平”意义相同；孟轲，字子舆，“轲”与“舆”意义相同。

④字与名意义相近。例如：陆机，字士衡，“机”与“衡”都是北斗的星名，语义互为辅助；李渔，字笠翁，由于渔翁常戴蓑笠，因而语义相符；梁鸿，字伯鸾，“鸿”与“鸾”是不同种类的飞禽，语义互为辅助。

⑤字与名意义相反。例如：吴平，字君高，“平”与“高”意义相反；朱熹，字元晦，“熹”与“晦”意义相反；刘过，字改之，“过”与“改”意义矛盾，但却蕴含了“过而能改，善莫大焉”的深刻含义。

(2)号的文化内涵。“号，谓尊其名，更为美称焉。”号是正名以外的一种美称和自称，起源较早，唐宋时期开始流行，至明清时期开始盛行。中国古代文人墨客都喜欢根据自己的喜好、性情以及居住环境等给自己取一个号，以表达自己的爱好和志向等。例如：李白，号清莲居士，因其生长在清莲乡；郑燮，号板桥，因其故乡的护城河上有一座古板桥；陶渊明，号五柳先生，因其“宅边有五柳树，因以为号焉”；苏轼，号东坡居士，因其被贬至湖北黄州时居住在东坡赤壁。

此外，一个人还可以有多个号。例如：唐寅，号六如居士、鲁国唐生、桃花庵主、逃禅仙吏等；曹霈，号雪芹、芹圃、芹溪等。

(二)汉语地名来源及内涵

地名就是地理名称的简称，也就是对某个具体地物或地理区域的命名。地名通常由专名和通名两部分组成。专名特指某一地理实体并用以区分同类地物的专用语，起定位作用；通名则概括某种地物的共性，起定性作用。

(1)源自形状和特征。有些地名因其本身的形状和特征而得名，如黄河(因其水中含有大量泥沙而得名)、五指山(因其状如五指而得名)等。

(2)源自姓氏、名字。在我国地名中以姓氏取名的现象十分常见，如李家湾、石家庄、王家屯、肖家村等。此外，我国少部分地名也来源于人名，目的在于纪念一些历史人物，如中山市(来源于革命先行者孙中山)、左权县(来源于革命先烈左权)、靖宇县(来源于革命先烈杨

靖宇)、志丹县(来源于革命先烈刘志丹)等。

(3)源自方位与位置。在我国,根据东、南、西、北方向命名的地名有很多,如河南、河北(黄河的南北);湖南、湖北(洞庭湖的南北);山东、山西(太行山的东西)等。此外,我国还有很多地名以阴阳示向,对山而言,南为阳,北为阴,对水而言则恰好相反。如洛阳(位于洛水以北)、衡阳(位于衡山之南)、江阴(位于长江以南)等。除此之外,我国还有很多地方是以河流、湖泊、山脉、海洋为依据命名的,如澳门(位于珠江口,海湾可以泊船的地方为澳,故而得名)、四川(因省内有长江、嘉陵江、岷江、沱江流过,故而得名)等。

(4)源自动植物。我国有很多地名源自动物和植物,如凤凰山、鸡公山、奔牛镇、马鬃山、黄鹤楼、桂林、樟树湾、桃花庄等。

(5)源自矿藏和物产。在我国这类地名很多,如铁山、盐城、钨金县、铁岭、大冶、无锡、铜陵、铜镥山等。

(6)源自移民故乡。中国古代由于各种原因出现过多次大规模的人口迁移活动,这些背井离乡的人们到了新地方后为了怀念故乡,常用原故乡的地名命名新的居住地。例如,北京大兴凤河两岸有长子营、霍州营、南蒲州营、北蒲州营、河津营、屯留营等地名;顺义西北有夏县营、忻州营、河津营、东降州营、西降州营、红铜营等地名,而这些地名原本都是山西的县名。

(7)源自社会用语。例如,怀仁山、秀才村等。

(8)源自美好愿望。有些中国地名中的某个字眼也表达了人们期盼吉祥、平安的愿望,如万寿山、万福河、富裕县、永昌县、安康市、吉安市等。

(9)源自其他。实际上,我国地名的来源不仅仅只有以上几种情况,还有多种来源,如源自称谓:哑巴庄;源自日用品:铜锣湾、鼎湖山;源自宗教词语:老君山、仙霞关、仙人洞;源自外来词:齐齐哈尔、哈尔滨、呼兰哈达等。

二、英语人名、地名文化

(一)英语人名文化

1.英语姓氏的来源及含义

(1)源自父名加前缀或后缀。例如,Fitzgerad(菲茨杰拉德,为 Gerad 之子,前缀 Fitz 表示子名),Jackson(杰克逊,为 Jack 之子,后缀 son 为"……之子")等。

(2)源自职业。例如,George(乔治,为"耕作者"),Smith(史密斯,为"铁匠"),Miller(米勒,为"磨坊主"),Carpenter(卡彭特,为"木匠"),Hunter(亨特,为"猎人")等。

(3)源自宗教。例如,Augustine(奥古斯丁,为"古罗马基督教神父"),James(詹姆斯,为"愿神的保佑"),Edward(爱德华,为"财富守护者"),Christopher(克里斯多夫,为"基督的人”),John(约翰,为“神的恩赐”),Elizabeth(伊丽莎白,为“神的誓言”)等。

(4)源自地名、地貌。例如,Lincoln(林肯,美国内布拉斯加州首府),London(伦敦,英国首都),Hill(希尔,为“山丘”),Forest(弗雷斯特,为“森林”),Field(菲尔德,为“田野”)等。

(5)源自动植物。例如,Fox(福克斯,为“狐狸”),Wolf(沃尔夫,为“狼”),Hart(哈特,为“公鹿”),Woodcock(伍德科克,为“飞禽”),Cole(科尔,为“油菜”),Bush(布什,为“灌木丛”),Rice(赖斯,为“稻米”)等。

(6)源自颜色。例如,Black(布莱克,为“黑色”),Blue(布卢,为“蓝色”),Brown(布朗,为“棕色”),Red(雷德,为“红色”), White(怀特,为“白色”),Orange(奥林奇,为“橘黄色”)等。

(7)源自自然现象。例如,Frost(弗罗斯特,为“霜”),Rain(瑞恩,为“雨”),Snow(斯诺,为“雪”)等。

(8)源自诨号。例如,Longman(朗曼,为“高个子”),Short(肖特,为“矮个子”),Campell(坎贝尔,为“歪嘴子”),Greathead(格雷特思德,为“大头”)等。

2.英语取名的方式及含义

(1)以动植物取名。例如,Arthur(阿瑟,为“雄熊”),Gary(加里,为“猎犬”),Lamb(兰姆,为“羔羊”),Leo(利奥,为“狮子”),Daisy(黛西,为“雏菊”),Lily(莉莉,为“百合”),Ivy(艾薇,为“长春藤”),Voila(维奥拉,为“紫罗兰”),Rose(罗斯,为“玫瑰花”)等。

(2)以宗教取名。例如,Athena(阿西娜,为“智慧女神”),Diana(黛安娜,为“月亮女神”),Eliot(艾略特,为“上帝的礼物”),Helen(海伦,为“美丽女神”)等。

(3)以外貌、特征取名。例如,Curly(克里,为“卷发”),Dump(邓普,为“矮胖子”),Roy(罗伊,为“毛发”)等。

(4)以标志勇力或出人头地思想的事物取名。例如,Abraham(亚伯拉罕,为“万民之父”),Boris(鲍里斯,为“勇士”),William(威廉,为“强大的捍卫者”),Richard(理查德,为“统治有力”)等。

(5)以职业取名。例如,Durward(德沃德,为“守门人”),Masoil(梅森,为“石匠”),Penelope(佩内洛普,为“织女”)等。

(6)以构词取名。例如,May(梅,为 Mary 变移构成),Rosemary(罗斯玛丽,由 Rose 与 Mary 组合而成)等。

(7)以货币取名。例如,Dollar(多拉尔,为“美元”),Franc(法兰克,为“法郎”),Mark(马克,为“马克”),Pound(庞德,为“英镑”)等。

(二)英语地名文化

从语言文化角度来讲,地名是某一地物的语言符号,但也是一种文化现象,承载着丰富的文化内涵。例如,Washington(华盛顿)是美国首都,这一地名源自领导美国走上独立的第

一任总统乔治·华盛顿(George Washington)的名字,反映了美国的历史文化,具体来说英语地名来源于以下几方面。

(1)源自移民故乡。美国是一个移民国家,来自世界各地的人们在这里聚集。美国早期的移民主要来自英国、法国、西班牙等国家。因此,美国有很多地名都与这些国家的地名有关。例如,New York(纽约),New England(新英格兰),New Orleans(新奥尔良),New Mexico(新墨西哥),New Jersey(新泽西),New Plymouth(新普利茅斯)等。这些都是在其他国家原有的地名前面加上 new,构成了美国的地名。

(2)源自河流、湖泊。例如,美国的 Tennessee(田纳西州),Ohio(俄亥俄州),Colorado(科罗拉多州)等都是根据河流命名的;美国的 Michigan(密歇根州)、加拿大的 Ontario(安大略省)等则是根据相应的湖泊名称命名的。

(3)源自矿藏和物产。例如,美国犹他州(Utah)首府盐湖城(Salt Lake City)因其附近的大盐湖(Salt Lake)而得名。

(4)源自形状和特征。例如,Holland,Netherlands(荷兰)的意思就是"低洼的土地"。这与荷兰地势低洼的地理特征相吻合。

(5)源自美好愿望。例如,Pacific Ocean(太平洋)就有着"和平之海"的含义,体现了人们对和平的向往。

(6)源自姓氏、名字。源于姓氏、人名的地名在西方十分常见,如美国威斯康星州(Wisconsin)首府 Madison(麦迪逊)来源于美国第四任总统詹姆斯·麦迪逊(James Madison);Magellan Strait(麦哲伦海峡)来源于葡萄牙探险家费尔南多·麦哲伦(Fernando Magellan);America(美洲大陆)来源于意大利航海家亚美利戈·韦斯普奇(Amerigo Vespucci)。

(7)源自动物。在西方,有很多地名源自动物,如坎加鲁岛(Kangaroo Island,因岛上袋鼠成群而得名)、亚速尔群岛(Azores Islands,因海鹰众多而得名)等。

(8)源自方位和位置。在西方根据方位来命名地名的现象十分常见,如南斯拉夫(Yugoslavia),其中"南"表方向,"斯拉夫"是东欧的一个语系,"南斯拉夫"就代表"南方讲斯拉夫语的国家"。

三、英汉人名、地名的翻译

(一)英汉人名的翻译

1. 现代人名翻译

(1)音译。尽管一些中西方的人名都有着某种含义,但作为一种符号,人名的含义已经完全丧失。所以,人名的翻译多用音译。

汉语人名的音译可用汉语拼音按照汉语姓名的排列顺序拼写人名，姓和名的第一个字母大写，双姓、双名之间连在一起，无空格和连字符。例如：

迎春姊妹三个告了座方上来。迎春便坐右第一，探春左第二，惜春右第二。

Then Yingchun and the two other girls asked leave to be seated, Yingchun first on the right, Tanchun second on the left, and Xichun second on the right.

宝玉记着袭人，便回至房中，见袭人朦朦睡去。自己要睡，天气尚早。彼时晴雯、绮霞、秋纹、碧痕都寻热闹，找鸳鸯琥珀等耍戏去了，独见麝月一个人在外间房里灯下抹骨牌。

（曹雪芹《红楼梦》）

Baoyu, still worried about Xiren, went back to find her dozing off. It was still early for him to go to bed, but Qingwen, Yixia, Qiuwen and Bihen had gone off to have some fun with Yuanyang and Hupo, leaving only Sheyue playing solitaire by the lamp in the outer room.

（杨宪益、戴乃迭　译）

在音译英语人名时要按照其发音及人物性别在汉语中找到合适的汉字来对应。例如：

Scarlett O'hara was not beautiful, but men seldom realized it when caught by her charm as the Tarleton twins were…

Seated with Stuart and Brent Tarleton in the cool shade of the porch of Tara, her father's plantation, that bright April afternoon of 1861, she made a pretty picture.

原译：那郝思嘉小姐长得并不美，可是极富魅力，男人见了她，往往要着迷，就像汤家那一对双胞胎兄弟似的……

1861 年 4 月一个晴朗的下午，思嘉小姐在陶乐垦植场的住宅，陪着汤家那一对双胞胎兄弟——个叫汤司徒，一个叫汤伯伦——坐在一个阴凉的走廊里。这时春意正浓，景物如绣，她也显得特别标致。

改译：斯佳丽·奥哈拉长得并不美，但是男人一旦像塔尔顿家孪生兄弟那样给她的魅力迷住往往就不大理这点……

1861 年 4 月，有一天下午阳光明媚，她在父亲的塔拉庄园宅前门廊的荫处，同塔尔顿两兄弟斯图特和布伦特坐在一起，那模样真宛若画中人。

(2)音译＋注释。虽然汉语拼音是翻译汉语人名最常用、最重要的方法，但这种方法也存在一定的缺陷，既无法体现汉语人名的寓意、联想，更体现不出汉语男性人名的阳刚和女性人名的阴柔。所以，在翻译汉语人名时还可以采用音译加注释的方法，即用汉语拼音音译人名以后添加括号，解释人名的含义，这样使读者更清楚地了解汉语人名的内涵。例如：

我的父亲应许了；我也很高兴，因为我早听到闰土这名字，而且知道他和我仿佛年纪，闰月生的，五行缺土，所以他的父亲叫他闰土。

（鲁迅《故乡》）

When my father gave his consent I was overjoyed, because I had since heard of Runtu and knew that he was about my own age, born in the intercalary month, and when his horoscope was told it was found that of the five elements that of earth was lacking, so his father called him Runtu(Intercalary Earth).

（杨宪益、戴乃迭 译）

原来这女孩正是程郑的独生女儿。此女原也有两个哥哥，一个姐姐，可惜都未久于人世。为了保住这条小命，程郑给她取了"顺娘"这么个名字，希望她顺顺当当长大成人。

（徐飞《凤求凰》）

Shunniang was his only surviving child, he had lost two boys and a girl born before Shunniang. It was his fervent wish that she, at least, would survive to grow adulthood.

（Paul White 译）

（3）释义就是在翻译时对原文中人名进行解释。例如：

布帘起处，走出那妇人来。原来那妇人是七月七日生的，因此小字唤做巧云，先嫁了戈吏员，是蕲州人，唤做王押司，两年前身故了。方才晚嫁得杨雄，未及一年夫妻。

（施耐庵《水浒传》）

The door curtain was raised and a young woman emerged. She had been born on the seventh day of the seventh month, and she was called Clever Cloud. Formerly she had been married to a petty official in Qizhou Prefecture named Wang. After two years, he died, and she married Yang Xiong. They had been husband and wife for less than a year.

（Sidney Shapiro 译）

2. 汉语字/号的翻译

（1）字的翻译。通常英语中的爵号(courtesy title)可以对应汉语中的"字"。例如：

这人乃是智多星吴用，表字学究，道号加亮先生，祖贯本乡人氏。

（施耐庵《水浒传》）

This was Wu Yong the Wizard. He was also known as the Pedant. His Taoist appellation was Master Increasing Light. Since the earliest times his family had resided in this neighborhood.

（Sidney Shapiro 译）

生而首上圩顶,故因名日丘云。字仲尼,姓孔氏。

(司马迁《史记》)

There was a noticeable convolution on his head at his birth,and that was why he was called Ch' iu(meaning a "hill"). His literary name was Chungni, and his surname was K'ung. ("Confucius means "K'ung the Master")

(林语堂　译)

(2)号的翻译。汉语中的"号"可译为 literary-name 或 pen-name,而号的内容则要根据实际情况采用音译或意译法处理。例如:

这士隐正痴想,忽见隔壁葫芦庙内寄居的一个穷儒,姓贾名化、表字时飞、别号雨村者,走了出来。

(曹雪芹《红楼梦》)

His rueful reflections were cut short by the arrival of a poor scholar who lived next door in Gourd Temple. His name was Jia Hua,his courtesy name Shifei,and his pen—name Yucun.

(杨宪益、戴乃迭　译)

(二)英汉地名的翻译

地名不仅涉及语言、文化等内容,还与政治、经济、国防、主权等有着紧密联系,所以地名的翻译是一个十分复杂的问题。但地名的翻译有一条国际准则,即名从主人。所谓名从主人,是指翻译专名应该以该名词所在国的语言的发音为准。

1.汉语地名的翻译

(1)音意结合。所谓音意结合,是指专名部分采用汉语拼音字母拼写,通名部分意译。例如:

北京市 Beijing Municipality　　陕西省 Shanxi Province

黑龙江 Heilongjiang River

再来看施耐庵《水浒传》中的例句:

就像罗马人一样,从四川盆地到台湾海峡,人们发现无法抗拒中国在文化、政治和军事上的综合力量。

As with the Romans,peoples from the Sichuan basin to the Taiwan Strait found they could not resist the Chinese cultural,political,and military package.

这人是清河县人氏,姓武,名松,排行第二,今在此间一年矣。

Sidney Shapiro 译为:He is called Wu Song. He's from Qinghe County,and is the second son in his family. He's been here a year.

(2)意译。意译是指个别习惯性意译的地名仍意译。例如,黄河译为 Yellow River,香

港译为 Hong Kong 等。再如：

刘禹锡《乌衣巷》中诗句：朱雀桥边野草花，乌衣巷口夕阳斜。

Wild grasses and flowers sprawl beside Red Sparrow Bridge.

The setting sun is just declining off the Black—Robe Lane.

徐飞《凤求凰》中：相如见到东面一座大宅院墙上写着"聚仁巷"三字，扭头对后面的狗驮子说："快去通报，说司马相如到了！"

Paul White 将其译为：Xiangru saw the words Gathering Benevolence Lane carved on the wall surrounding a large walled mansion. He turned to Puppy Carrier, and said, "Quick, go over to the gate of that house and tell them that Sima Xiangru has arrived! "

需要说明的是，地名不可随便意译，尤其是一些描述性地名更加不可胡乱意译。例如：

"富县"应译作 Fuxian County，而不能译成 Rich County。

"东风港"应译作 Dongfeng Bay，而不应译成 East Wind Bay。

"黑山"应译作 Heishan Mountain，而不应译成 Black Mountain。

(3)音译。意译是指地名中的专名和通名都是单音节词，翻译时可先将通名音译，然后再将其意译，分开书写。例如：

长江是中国最长的河流。

The Changjiang River is the longest river in China.

当你站在黄山之顶，你会发现周围的山峰云雾缭绕，无限风光，真有会当凌绝顶，一览众山小的感觉。

When you stand on the top of the Huangshan Mountain, you will find yourself filled with passion and ambitions. You will find the world below suddenly belittled.

(4)增译。有些汉语地名蕴含了丰富的物质和历史文化信息，如果直接音译则会丢失地名中所包含的文化内涵，此时可以采用增译法进行翻译。通常，地名的增译有以下两种情况。

①在地名后增加非限定性定语从句，注解该地的特点。例如：

青岛因啤酒而远近闻名，可译为 Qingdao City, which is famous for its beer。

山西省盛产煤矿，可译为 Shanxi Province, which is rich in coal。

②用同位结构增译地名的雅称，前置或括注均可。例如：

日光城——拉萨市 the Sun City, Lasha

古城西安 Ancient City—Xi'an

葡萄之乡——吐鲁番 The Grape Land—Tulufan

山城重庆 a mountain city, Chongqing

2.英语地名的翻译

通常情况下,英语地名的翻译遵循"音译为主,意译为辅,兼顾习惯译名"的原则。下面就具体介绍几种英语地名的翻译方法。

(1)惯译。英语中以人名、宗教名、民族名命名的地名常采用习惯译名,例如:

Indiana(state)印第安纳(州)

John F. Kennedy Space Center 约翰·肯尼迪航天中心。

(2)音译。通常英语地名中的专名部分都要采用音译法进行翻译。例如:

Ball(La.)鲍尔(路易斯安那)

Branch(Miss.)布兰奇(密西西比)

Bellflower(Mont.)贝尔弗劳尔(蒙大拿)

Covada(Wash.)科瓦达(华盛顿)

Goodnight(Tex.)古德奈特(德克萨斯)

Tendal(La.)滕达尔(路易斯安那)

(3)意译。要想表现英语地名的文化内涵,意译可以说是最佳的翻译方法。通常意译多适用于以下几种情况。

①以数字、日期命名的地名需意译。例如:

Ten Thousand Smokes,Vally of(Alaska)万烟谷(阿拉斯加)

Three Lakes(Wash.)三湖村(华盛顿)

Four Peaks(Ariz.)四峰山(亚利桑那)

②地名中修饰专名的新旧、方向、大小的形容词需意译。例如:

O1d Woman River(Alaska)老妇河(阿拉斯加)

East Chicago(Ind.)东芝加哥(印第安纳)

North Anna River(Aa.)北安娜河(弗吉尼亚)

Great Smoky Mountains(N. C. Tenn.)大雾山(北卡罗纳田纳西)。

需要指出的是,地名中修饰通名的形容词需要音译。例如:

New Lake(N. C.)纽湖(北卡罗来纳)　West(Miss.)韦斯特(密西西比)

③以人名命名的地名中的衔称需意译。例如:

Prince of Wales Island(Alas ka)威尔士王子岛(阿拉斯加)

King George County(Va.)乔治王县(弗吉尼亚)

④英语地名中的通名通常意译。例如:

Horseshoe Reservoir(Ariz.)霍斯舒水库(亚利桑那)

Goodhope River(Alaska)古德霍普河(阿拉斯加)

City Island(N. Y.)锡蒂岛(纽约)

第二节　动物、植物文化及英语翻译

一、动物文化及翻译分析

动物与人类的关系十分密切，在漫长的人类历史中，可以说，它们已经成为人类生活不可缺少的一部分。正是因为动物在人类社会生活中占有如此重要的地位，所以，在中西翻译中，有关动物的词汇也必然会存在于世界各民族的语言中。而人们对于这些动物的情感态度也自然会反映在各自语言词汇系统中。

尽管大部分动物在英汉语言中都能找到对应词汇，但其中蕴含的文化信息却不尽相同。因此，了解英汉动物词汇的文化差异，就能够使我们在翻译的过程中，避免因文化误解而产生的误译，从而提高译文质量。

(一)龙及其翻译

在中国文化中，龙这种动物有着悠久的历史。在我国远古时期，就已经有了龙的雏形——人面蛇身像。这些人面蛇身像大多描绘的是女娲、伏羲众神形象，后来逐渐演化成了龙。这反映了远古人类最原始的崇拜和敬畏，而这种崇拜与敬畏的对象首先是自然。

在远古人类的生活中，有太多的东西是不被当时的人所理解，也有太多的东西是使人们感到畏惧与无助的。因此，法力无边、呼风唤雨的龙就出现了，这可以说是人类将自然具象化的结果。正是由于龙的上述特性，后来就被用于象征帝王、皇权。到这时，龙已经不仅仅是一种传说中的神兽，而已经变成权力和地位的象征了。

大约从秦始皇开始，就有把帝王称之为龙的说法。汉朝以后，龙就成了帝王的象征，与帝王有关的事物也被冠以了“龙”字。例如，“龙体”“龙颜”“龙椅”“龙床”“龙袍”“龙子龙孙”等。后来，龙就逐渐具有了权威、力量、才华、吉祥等含义。例如，“真龙天子”“蛟龙得水”“龙吟虎啸”“望子成龙”“卧虎藏龙”“乘龙快婿”“龙凤呈祥”等。

由此可见，龙在中国文化中有着极高的地位，它经历了上千年的演变和发展，不断被注入新的内容，逐渐形成了我国今天的龙文化。炎黄子孙素来自称为“龙的传人”，这是有深厚的文化内涵的。对于不了解中国传统文化的西方人士而言，要理解其中的内涵是十分困难的。

与中国文化相比，在西方文化中，dragon所负载的文化内涵则与中国的龙正好相反。西方神话中，dragon是一种形似巨大、长着翅膀、有鳞有爪、口中喷火、替魔鬼看守财宝的凶悍怪物。这一点在有关基督教的艺术作品以及其他西方文学作品中都可见端倪。在基督教的艺术作品中,dragon通常是罪恶的象征,经常被踩在圣徒和殉教者的脚下,以标志着基督徒战胜异教徒。而《圣经》中的dragon也通常是以罪恶、恶魔的形象出现的。

例如,为人带来灾难、疾病,诱人堕落的恶魔撒旦就被称为the great dragon。在西方文学中,dragon也从来都是恶的化身。例如,在著名的英雄叙事史诗《贝奥武甫》(Beowulf)中,与贝奥武甫搏斗的就是一只会喷火的凶恶巨龙。即使在现代,英语中也经常用dragon来代指凶悍之人。例如:

He is very mean,just like a dragon.

We've got this real dragon in charge of our accounts department—she's terrifying.

综上所述,汉语中的龙和英语中的dragon有着截然不同的文化内涵,因此汉语中的“龙”字很多见,而英语中dragon的使用频率则没这么高。了解这些差异对我们翻译“龙”和dragon有很大的指导意义。

(二)凤及其翻译

凤凰在中国神话中,是主掌风雨的神鸟,也是鸟中之王。《史记》中就有“凤凰不与燕雀为群”之语。看起来凤凰是指一种动物,但依古书记载,凤是雄性,凰是雌性。

汉语中有“百鸟朝凤”“有凤来仪”“凤毛麟角”之类的成语。司马相如在《琴歌》中唱到:“凤兮凤兮归故乡,遨游四海兮求其凰”,表达了他对卓文君的爱情。而随着岁月的变迁,凤凰就被简化为了凤,雌性,象征富贵和吉祥,并逐渐成为了皇后的代名词。

发展到今天,凤已经成为普通女性的专用词,而且,很多中国女性的名字里就有“凤”字。

此外,凤和龙在中国文化中是不可分割的,它们共同构成了我国独特的龙凤文化。普通百姓生了男女双胞胎就称为“龙凤胎”,还有很多成语中也包含“龙”“凤”二字,如“龙驹凤雏”“龙章凤彩”“龙跃凤鸣”“龙飞凤舞”等。

在西方文化中,phoenix总是与复活、重生有关。相传,phoenix是一种供奉于太阳神的神鸟。希腊历史学家希罗多德(Herodotus)在公元前5世纪将其描述为一种有着红色和金色羽毛的、鹰一样的神鸟。phoenix的生命周期是500年,在生命周期结束时,它会建造一个焚烧场所,并在其中烧成灰烬,然后灰烬中又会出现一个新的phoenix。因此,phoenix在基督文学作品,乃至其他文学作品中都象征着“死亡”“复活”和“永生”。例如:

Much of the town was destroyed by bombs in the war but it was rebuilt and in the following decade rose from the ashes like the phoenix.

该城的大部分在战争中被炸弹摧毁,但是又得以重建并且在以后十年中像火中的凤凰一样从灰烬中再生。

(三)鼠及其翻译

在中国文化中,老鼠是一种形象负面的动物。由于它面目丑陋、偷吃人类食物、破坏人

类家居陈设，因而为人们所憎恶。汉语中关于老鼠的负面表达也随处可见。例如，“胆小如鼠”“鼠目寸光”“鼠肚鸡肠”“官仓老鼠”“贼眉鼠眼”“抱头鼠窜”等均有“猥琐、卑微、心胸狭窄”的含义。《诗经・硕鼠》也痛斥了老鼠的恶行：“硕鼠硕鼠，无食我黍！三岁贯女，莫我肯顾。逝将去女，适彼乐土。乐土乐土，爰得我所！”正基于此，人们也常将憎恶之人比作“过街老鼠”——人人喊打。

然而，与中国文化不同，在西方文化中，rat 和 mouse 也是一种不受欢迎的动物，也常被用来形容那些自私的、不忠的人。例如：

smell a rat：对……觉得可疑，感到事情不妙

尽管如此，老鼠在英语中的形象还是以胆小、安静为主，因而也常被用来形容胆小、害羞的人。例如：

as timid as a mouse：胆小如鼠

as mute/quiet/silent/still as a mouse：悄没声儿

He's such a mouse，he never dares complain about anything.

他很胆小，从来不敢抱怨什么。

(四)兔及其翻译

在中国文化中，兔子的形象较为复杂。它既有温顺、可爱、敏捷的一面，如“玉兔”“兔辉”“动如脱兔”等，又有狡猾、缺乏耐性的一面，如“狡兔三窟”“狡兔死，走狗烹”“兔子不吃窝边草”“兔子尾巴长不了”等。另外，汉语中还有一些骂人的词语也带有“兔”字，如“兔崽子”“兔孙子”等。

而在西方文化中的 hare，rabbit 则是带有贬义的意义，常常指那些不可靠的、耍弄花招的人。例如，英语俚语中，hare 指坐车不买票的人，口语中的 rabbit 则多指拙劣的运动员(尤指网球运动员)。兔在西方文化中的这种负面形象在其他一些词语中也有所体现。例如：

odd rabbit：真该死

hare-brained：轻率的、愚蠢的、鲁莽的

make hare of somebody：愚弄某人

breed like rabbits：生过多的孩子

mad as a march hare：十分疯狂的、野性大发的

rabbit on about sb. /sth. ：信口开河；絮絮不休地抱怨

(五)马及其翻译

中国人对马情有独钟，一方面因为马在农业生产中举足轻重，另一方面也因为马是军事战争的一个重要组成部分。汉语中有很多关于马的成语，或褒义，或中性。例如，“老马识途”“老骥伏枥”“犬马之劳”“马到成功”“一马平川”“励兵秣马”“单枪匹马”等。

另外，汉语中咏马的诗歌也不在少数。这些诗歌多咏物言志，表明了诗人的抱负。例如：

房兵曹胡马

唐·杜甫

胡马大宛名，锋棱瘦骨成。
竹批双耳峻，风入四蹄轻。
所向无空阔，真堪托死生。
骁腾有如此，万里可横行。

咏　马

唐·杨师道

宝马权奇出未央，雕鞍照曜紫金装。
春草初生驰上苑，秋风欲动戏长杨。
鸣珂屡度章台侧，细蹀经向濯龙傍。
徒令汉将连年去，宛城今已献名王。

在西方文化中，horse也常作耕种和战争之用，但其文化内涵却没有中国的马丰富，究其原因，这应该与英国偏狭的地理条件有很大的关系。

然而，作为一个热衷赛马的民族，不列颠人也创造了很多与马有关的习语。在这些习语中，horse通常被当作下等动物。例如：

eat like a horse：大吃

hold one's horses：稍安勿躁

as strong as a horse：非常强壮

work like a horse：辛辛苦苦地干活

come off one's high horse：放下架子

bet on the wrong horse：支持错了对象

beat a dead horse：死马当活马医，枉费心力

that is a horse of another color：那完全是另外一码事

(六)羊及其翻译

中国古代以农耕为主，羊在人们的生产、生活中处于辅助地位，且多具有柔弱、温顺的形象。例如，汉语中有“羊入虎口”“饿虎扑羊”“十羊九牧”“悬羊打鼓”等成语。再如，我国西部

民歌《在那遥远的地方》中亦有"我愿作一只小羊，跟在你身旁……"的歌词。

另外，羊在中国文化中也有吉祥的含义。《说文解字》曰"羊，祥也"。因此，很多意思美好的汉字中都带有"羊"字，如"祥""详""美""洋""养""馐"等。而古代器物铭文也多将"吉祥"写作"吉羊"。另外，我国广州又称"羊城"。相传古时南海有五仙人骑着不同颜色的羊来到广州，将谷穗赠与人们，随后腾空而去，留下五羊化而为石，寓意五谷丰登的祝福。

与中国对羊的寓意差不多，西方文化中的 sheep，lamb 通常是柔弱、温顺、迷途者的象征，这与西方的基督教文化有很大的关系。《圣经》中有 a lost sheep（迷途的羔羊）之说。因此，羊通常被视为无独立性、多受他人控制的角色。类似这样的意象还体现在其他词语中。例如：

like a lamb：顺从的

lamb of God：上帝的羔羊；耶稣基督

as innocent as a lamb：天真无邪如小羊

as meek as a lamb：性情温顺如小羊

a sheep among wolves：落在坏人手里的好人

like a sheep：无独立/独创性

sheep and goats：好人和坏人

follow like a sheep：盲从

sheep without a shepherd：群龙无首

like a sheep to the slaughter：似乎未意识到将入险境

另外，英语中还有 cast or make sheep's eyes at…这样的短语，意为"向……送秋波"，这与我国新疆维吾尔族将羊眼比作姑娘美丽的眼睛的说法有异曲同工之妙。

通过上述例子可以看出，英语中 sheep 和 lamb 的构词能力很强，这与《圣经》起源于阿拉伯中东地区有关。因为阿拉伯人主要的生存方式之一便是游牧，于是羊就成了阿拉伯人民生活的主要内容，所以《圣经》中多处都提到了羊。

（七）鸡及其翻译

雄鸡破晓而啼，这在中国文化中预示着一天的开始，象征勤奋、努力和光明的前途。例如，《孟子·尽心上》有云，"鸡鸣而起，孳孳为善者，舜之徒也。"意思是说：鸡一叫就起身，孜孜不倦地行善，均是舜这类人。这是孟子对行善者勤勉、德行的赞美。而毛泽东的《浣溪沙·和柳亚子先生》中则有"一唱雄鸡天下白，万方乐奏有于阗，诗人兴会更无前"的诗句，表现了新中国朗朗乾坤之气象。

另外，由于"鸡"与"吉"同音，因此鸡在中国也常有吉祥之意。比如，我国电影界有一个著名的奖项就是"金鸡奖"。市场上也有一些与鸡有关的品牌，如"金鸡牌"鞋油、"金鸡牌”闹钟、“大公鸡”香烟等。民间部分地区更有在隆重仪式上宰杀大红公鸡和喝鸡血酒的习俗。

当然，除了这些好的寓意之外，随着时代的变化，“鸡”字在今天又被赋予了一个极不光彩的全义，即提供性服务的女性，这也是“鸡”和“妓”谐音所造成的。

在英语中，cock 有着丰富的文化内涵。

首先是具有宗教内涵。在希腊神话中，由于 cock 引起人们对东升旭日的注意，故而它专门奉献给太阳神阿波罗(Apollo)；在罗马神话中，墨丘利(Mercury)系为众神传信并管商业、道路的神，cock 在清晨的啼叫中使千行百业开始工作，故而是奉献给墨丘利的。此外，在基督教传统中，cock 通常被置于教堂的尖顶，它在清晨一声鸡叫，魔鬼便惶然隐退，故被视为圣物。

其次是具有好斗、自负的内涵，这与公鸡的习性有很大关系。英语中常用 cock 来描绘人的行为。例如：

He is too bloody cocksure about everything.

他对于每一件事都过于自信。

I've never heard such cock in my life.

我一生从未听说过这样的胡说八道。

The jury did not believe the witness'cock and bull story.

陪审团不相信证人的无稽之谈。

He's been cock of the office since our boss went back to America.

自从我们老板回到美国以后，他就一直在办公室里称王称霸。

其三是具有迎宾的内涵。在英国的一些小酒馆里，人们经常可以看到 cock and pie 的字样。这里的 cock 就有翘首以待来客的含义。

最后还具有粗俗、下流之感。这是因为，cock 在美国英语中喻指男性的生殖器(但在英国英语中并无此意)。

(八)狗及其翻译

狗在传统的中国文化中多为负面形象。这是因为在漫长的中国农耕社会中，普通百姓终日要为了生存而奔忙劳累，很难有精神层面的追求。人们即使养狗，主要目的也是防盗，而非单纯的喜爱。因此狗也就不可能以朋友的身份与人类为伴，而是以仆人的身份侍奉主人。所以，狗在中国古代的地位很低，也正是由于这一点，汉语中存在很多由此引申出来的贬义词。例如，“狗腿子”“走狗”“狗仗人势”“狗眼看人低”“狗头鼠脑”等。而且吃狗肉的现象在中国也较为常见。

随着我国经济状况的好转，人们在物质上得到满足以后，就开始有了精神需求，养狗的人数大大增加，给狗看病的医院也十分常见。人们不仅和狗散步、玩耍，甚至将狗视为生活

中不可缺少的一部分。汉语中有关狗的词语也发生了微妙的变化。例如，人们用“狗狗”代替“狗”，传达了一种喜爱之情。更有甚者还会用“儿子”“女儿”等亲密的昵称来称呼自己的狗，其喜爱程度可见一斑。

在西方文化中，dog 通常被视为人类最忠实和真诚的伙伴，西方人养狗的习惯由来已久。这一方面是因为西方民族较为开朗，对狗的亲近要远强于中国人；另一方面是因为西方的工业发展较早，物质文明发达，因此，人类才能有足够的财富和闲暇与动物相处。在西方国家，我们经常能看到人与狗的亲吻与拥抱。在很多英美家庭观念中，狗已经被家庭成员化了，它们常常被视为家庭的一员。人们给狗取名时常用人名，不仅如此，在介绍家庭成员时也经常会把家里的狗捎带上。由此可见，西方人对狗是十分喜爱的。这一点在英语词语中有着最为明显的表现。例如：

top dog 最重要的人物

a lucky dog：幸运儿

a jolly dog：快活的人

a sea dog：老练的水兵

rain cats and dogs：下滂沱大雨

Love me，love my dog：爱屋及乌

Every dog has its day：凡人皆有得意时

在美国，狗甚至对美国总统的形象也产生了一定的影响。近几十年来，几乎每位美国总统都有一两只全美人民都熟悉的爱犬。例如，美国前国务卿希拉里（Hillary Rodham Clinton）在《入主白宫》一书中花费了相当的笔墨来描写她的爱犬，这受到了众多动物爱好者的欢迎。很多人甚至写信索要这只狗狗的签名。英语中还专门有一个单词 paw-tographs 表示“爪印签名”。再如，美国前总统布什的爱犬也曾扮演了重要的角色。它们曾经在白宫的官方网站上担任儿童专栏的讲解员：两只分别叫 Spotty 和 Barney 的狗煞有其事地给来访者讲解它们和白宫的生活，令人感到十分有趣。这些狗的存在使总统本人博得了民众的极大好感，这也致使个别不养狗的总统也不得不养狗，以获得民众支持。除此以外，西方社会中也有以狗命名的公司，如 Greyhound Bus（灰狗巴士）等。也正是由于狗在西方人心目中的特殊地位，所以，吃狗肉在西方人看来是十分令人震惊和反感的。这一点与中国有着很大的不同。

（九）猪及其翻译

猪在中国文化里，往往是“懒”“馋”“笨”的象征。因此，在汉语中经常有“懒得像猪”“肥得像猪”“笨得像猪”之类的表达。另外，由于猪的特定形象以及它贪吃贪睡的习性，所以，在汉语中也有很多与之相关的贬义词，如“猪狗不如”“猪朋狗友”“辽东之猪”“泥猪瓦狗”等。

除了上述这些不好的寓意外，猪在中国文化中也有憨厚、可爱的形象。例如，中国民间

有“金猪”一说，很多存钱罐常常以猪的形象制作，电视剧《春光灿烂猪八戒》也塑造了一个憨厚、可爱的猪八戒形象。由此可见，猪在中国文化中所具有的形象和喻意十分丰富，这反映了中国人对猪的复杂情感。

同样，在西方文化中，pig 的文化内涵与中国的“猪”基本相同，即肮脏、贪婪、不顾他人、行为恶劣。因此，pig 以及与之有关的词语也经常带有贬义色彩。例如：

You mean you've eaten all three pieces of cake? You greedy pig!

你是说你把三块蛋糕全吃完了？你真是头贪吃的猪！

This place is a pigsty.

这地方又脏又乱，跟猪圈一样。

与中国文化不同的是，pig 还可以作为一个中性词出现。例如：

teach a pig to play on a flute：教猪吹笛；做不可能实现的事

pig it：住在肮脏的环境里

bring one's pigs to the wrong market：卖得吃亏

buy a pig in a poke：未见实物就买了

make a pig of oneself：吃得太多

pigs might fly：异想天开，无稽之谈

make a pig's ear out of something：弄得一团糟

pig in the middle：两头为难，左右不是

总的来说，pig 在英语中的形象和喻意没有汉语中的猪那么丰富。

（十）猫及其翻译

中国文化中，猫昼伏夜出，捕捉老鼠，使人们的粮食得以保存。因此，汉语中的“猫”通常有温顺、可爱的意味，而带有“猫”字的词语也多有一种亲昵之情，如“馋猫儿”“花脸猫”“大懒猫”等。当然，汉语里也有一些关于“猫”的贬义词，如“阿猫阿狗”“三脚猫”“猫哭耗子假慈悲”等，但这并不影响中国人对猫的喜爱。

另外，虽然中国人很喜欢猫，但在汉语中，与“猫”有关的词语还是相对较少的。这是因为，中国长期处于封建农业社会，城市发展时期很短，而猫作为一种城市化动物，在汉语词语中的活跃程度就自然较低。

然而，与中国不同的是，在西方文化中，cat 多以负面形象出现，象征着苦难、恶毒、不祥。尤其是黑猫，在西方，更让人深恶痛绝，唯恐避之不及。这一点从大量与猫有关的英语习语中可窥见一斑。例如：

a fat cat：大款

a love cat：玩弄女子的男性

cat burglar：翻墙越窗的贼

a cat in the pan:叛徒

that cat won't jump:这一手行不通

fight like cat and dog:极为不和

a barber's cat:面带病容和饥饿的人

to bell the cat:给猫系铃,承办难事

be the cat's whiskers:自以为了不起的东西

lead a cat and dog life:过着吵吵闹闹的生活

put/set the cat among the pigeons:引入麻烦,制造祸端

look like something the cat brought/dragged in:衣冠不整,蓬头垢面

通过上述例子,我们不仅可以看出 cat 在英语词汇中的负面含义,还可以发现其使用之频繁。这是因为,欧洲 18、19 世纪出现了大量城镇,猫也逐渐成为人们生活的一部分,进入了人们的生活圈子。因此,与猫有关的词语也就大大增多了。

(十一)蝙蝠及其翻译

尽管蝙蝠长得面目可憎,而且是昼伏夜出的动物,但由于"蝠"与"福"同音,因此,在中国文化中,蝙蝠被认为是吉祥、幸福的象征。因此,蝙蝠在我国的剪纸、绘画、器物纹饰中十分常见。例如,古人做寿时常有五只蝙蝠围绕篆书"寿"字或寿桃的图案,即"五福捧寿",寓意多福多寿。另外,蝙蝠也常与梅花鹿、寿桃、喜鹊画在一起,即"福禄寿喜",寓意生活美满。

然而,与中国文化明显不同,在西方文化中,bat 多是邪恶、不祥的象征。这与蝙蝠的外形、生活环境及习性有很大的关系。因此,英语关于蝙蝠的表达大多带有贬义的意味。例如:

be bats:神经不正常

crazy as a bat:发疯

as blind as a bat:跟蝙蝠一样瞎;有眼无珠

have bats in the belfry:精神失常,行为乖张

bat out:粗制滥造(故事、报道等)

(十二)猫头鹰及其翻译

猫头鹰的面目丑陋,而且一直以来都是夜行昼伏,因此,在中国文化中,猫头鹰是不为人们所喜爱的。再加上它那凄厉的叫声,更是让人们感到毛骨悚然、不寒而栗。因此,猫头鹰经常与不详和死亡联系在一起。

与中国文化不同的是,owl 在西方文化中多带有褒义,象征着聪明智慧和严肃认真。这大概与猫头鹰的外形有关:猫头鹰经常瞪着一双圆圆的眼睛,一动不动地站在树枝上,好像在深思一样,看起来也十分严肃。因此,英语中就有类似的表达,例如:

as wise as an owl:像猫头鹰一样智慧

grave as an owl:板起脸孔

take the owl:发火儿,生气

但是,也有人认为猫头鹰的目光呆滞,看起来有点呆头呆脑,甚至有些蠢笨。因此,英语中又有这样的表达:

owl-eyed:喝醉了的

as drunk as a boiled owl:烂醉如泥

as blind/stupid as an owl:笨透了

Don't be such a silly owl:别做那样的傻事

除上述文化意义以外,猫头鹰还因其独特的生活习性而被用来喻指人的某些行为。例如:

night owl:熬夜的人

an owl train:夜行列车

an owl show:通宵电影

fly with the owl:夜间活动,夜游

(十三)翻译方法

英汉语言中动物词汇所具有的文化内涵有的相同,有的相异。因此,就要求译者在翻译时要根据实际情况进行灵活处理,或保留形象直译,或改换形象套译,又或舍弃形象意译。

首先是保留形象的直译。当英汉动物词汇的表达形式和文化内涵相同时,即当英汉动物词汇表示的事物、人物及其形象、品质相同或相似时,译者就可以保留原文的动物形象进行直译。例如:

as faithful as a dog:像狗一样忠诚

barking dogs do not bite:吠犬不咬人

A rat crossing the street is chased by all:过街老鼠,人人喊打

Don't make yourself a mouse,or the cat will eat you:不要把自己当老鼠否则肯定被猫吃

其次是改换形象的套译。当源语动物词汇与目的语对应词汇的文化内涵不同时,可用目的语中具有相同文化内涵的其他动物词汇来翻译。例如:

teach a pig to play on a flute:赶鸭子上架

Don't believe him,he often talks horse:不要信他,他常吹牛

Better be the head of a dog than the tail of a lion:宁做鸡头,不做凤尾

It had been raining all day and I came home like a drowned rat:终日下雨,我到家时浑身湿得像一只落汤鸡

其三是舍弃形象的意译。当保留动物形象直译和改变动物形象套译都行不通时，译者不妨舍弃原文中的动物形象，直接将原文含义翻译出来，即意译。例如：

top dog：最重要的人物

be like a bear with a sore head：脾气暴躁

Dog does not eat dog.

同类不相残。

He is as poor as a church mouse.

他一贫如洗。

Last night。I heard him driving his pigs to market.

昨夜，我听见他鼾声如雷。

二、植物文化及翻译分析

由于不同的地理位置、气候条件等因素，英汉两种语言对植物的生长及其特性的形成有着很大的影响。因此，有些植物可能会是某地区特有的，还有些植物会在不同的地区被赋予不同的文化内涵。

（一）玫瑰及其翻译

玫瑰因其小朵、多刺的外形，在中国古代很少得到文人墨客的垂青。玫瑰茎上锐刺密集，中国人形象地视之为“豪者”，并以“刺客”称之。中国古代的文人雅士大多没有这样的豪气，而有豪气者又偏好游历名川大山，对玫瑰不怎么关注。达官显贵们偏好牡丹、芍药等富贵之花，对生长环境恶劣、浑身带刺的玫瑰更是不屑一顾。

正是因为这样，玫瑰在中国传统文化中的地位并不高，关于玫瑰的诗词也相对较少。即便如此，玫瑰还是以其美丽的外表、坚毅的品格得到了部分诗人、作家的欣赏。例如：

“三姑娘的混名儿叫‘玫瑰花儿’，又红又香，无人不爱，只是有刺扎手……”

（曹雪芹《红楼梦》）

红玫瑰

宋·杨万里

非关月季姓名同，不与蔷薇谱谍通。
接叶连枝千万绿，一花两色浅深红。
风流各自燕支格，雨露何私造化功。
别有国香收不得，诗人薰入水沉中。

然而，在西方文化中，rose 的文化内涵却是十分丰富的，这主要体现在以下几个方面。

首先是象征美丽与爱情。在英语中，借玫瑰歌颂爱情的诗歌很多。例如，苏格兰农民诗人罗伯特·彭斯(Robert Burns)著名的诗歌《一朵红红的玫瑰》(A Red，Red Rose)中就有这样的句子：

O my luve is like a red，red rose，

That's newly sprung in June.

O my luve is like the melodie，

That's sweetly played in tune.

其次是象征健康、温和、欢乐、顺利、乐观等。例如：

treat with rose：用温和的办法对待

gather life's roses：寻欢作乐

come up roses：指事情发生顺利、成功

a bed of roses：称心如意的境地，安乐窝

take rose views：抱乐观的看法

put the roses (back) into one's cheeks：使某人的脸色看起来健康

there is no rose without a thorn：没有十全十美的事

其三是象征安静。例如，会议桌上悬挂一枝玫瑰意味着要保持安静。

但是需要指出的是，以上说的是玫瑰的一般文化内涵。事实上，西方文化中不同颜色、数量的玫瑰也有着不同的含义，此处不再赘述。

(二)牡丹及其翻译

在中国文化中，牡丹象征着富贵、华丽和高雅。这些象征意义从我国古代的诗词作品中即可窥见一斑。例如：

牡丹诗

唐·殷文圭

迟开都为让群芳，贵地栽成对玉堂。
红艳袅烟疑欲语，素华映月只闻香。
剪裁偏得东风意，淡薄似矜西子妆。
雅称花中为首冠，年年长占断春光。

除文学作品外，牡丹在我国传统工艺、美术作品中也随处可见。例如，牡丹与海棠一起具有“门庭光耀”的含义；牡丹与水仙在一起具有“神仙富贵”的含义；牡丹与芙蓉一起具有

“荣华富贵”的含义；牡丹与长春花一起则具有“富贵长春”的意义。

与中国不同，尽管牡丹在西方文化中的作用和地位都远不及其在中国文化中那样广泛而普遍，但它所具有的实用化、功能化的象征意义也不容小觑。在英语中的 peony 来源于希腊神话故事中众神的医生皮恩（Paean）。确切地说，peony 就是以皮恩的名字命名的。由于皮恩曾经用牡丹的根治好了天神宙斯（Zeus）之子海克力斯（Hercules），因此，牡丹在西方文化中被视为魔力之花，其药用价值高于其美学价值。

（三）百合及其翻译

百合在中国是一种吉祥之花、祝福之花。因其具有洁白无瑕的颜色和“百年好合”的联想意义，因而得到了中国人的普遍喜爱，例如，福建省南平市和浙江省湖州市就都以百合为市花。我国古代文人也有咏颂百合的诗词。例如：

百合花

宋·韩维

真葩固自异，美艳照华馆。
叶间鹅翅黄，蕊极银丝满。
并萼虽可佳，幽根独无伴。
才思羡游蜂，低飞时款款。

另外，百合不仅外观美丽，还具有较高的医学价值。中医认为，百合具有养心安神、润肺止咳的功效。因此，百合也常被用作食材，出现在人们的日常饮食之中。

与中国对百合的认识差不多，西方文化中，lily 通常象征着贞节、纯真和纯洁。例如，在“圣母领报节”（the Annunciation，Lady Day）的宗教图画中经常有这样一个场景：天使加百利（Gabriel）手持百合花枝，奉告圣母玛利亚（the virgin Mary）耶稣即将诞生，而正跪着祈祷的玛利亚面前就放着一个插着百合花的花瓶。因此，lily 经常和 white 搭配，表达“纯白”“天真”“完美”之意。例如：

He marveled at her lily-white hands.

他惊讶于她洁白的双手。

It’s ironic that he should criticize such conduct，he’s not exactly lily-white himself.

讽刺的是，他自己也不是毫无过错，竟然还批评别人的行为。

All in one with ordinary，especial，tradition，open，vogue，simplicity，gumption，eremitic etc，deeply understood world but who is keeping a lily-white heart.

平凡、特别、传统、开放、时尚、朴素、进取、退舍等集于一身，深知世故却保持一颗纯真的心。

另外，lily 有时还有“胆小、怯懦”“娘娘腔的男人”等含义。例如：

But its lily-livered approach might, in fact, be the right one.

但实际上这种胆小的做法也许是正确的。

(四)梅花及其翻译

梅花原产于中国，在中国文化中有着极高的地位。因它开于寒冬时节、百花之先，所以在中国文化中象征着坚毅、高洁的品格，为我国古代的历代文人所钟爱，很多诗词歌赋都以咏梅为主题。例如：

梅　花

宋・王安石

墙角数枝梅，凌寒独自开。
遥知不是雪，为有暗香来。

卜算子・咏梅

宋・陆游

驿外断桥边，寂寞开无主。已是黄昏独自愁，更著风和雨。
无意苦争春，一任群芳妒。零落成泥碾作尘，只有香如故。

英语中的 plum 既可以指梅树、梅花，又可以指李树、李子。在基督教文化中，梅树象征忠诚。在口语中，plum 有“美差”的含义。另外，plum 还是美国国会的委婉语。例如：

His new job is a fine plum.

他的新工作是件美差。

A congressman or senator may give a loyal aide or campaigner a Plum.

国会议员会给重视的助手和竞选者这一个有好处、有声望的政治职位，作为对其所做贡献的回报。

(五)桃花及其翻译

桃花是一种较为常见的大众之花。由于其外观娇艳美丽，因此桃花在中国文化中的形象也较为复杂，有很多种不一样的象征。

其一是象征女子的美貌。桃花艳丽的外表使其常被用于形容女子的美丽。例如：

诗经·周南·桃夭

桃之夭夭，灼灼其华。之子于归，宜其室家。
桃之夭夭，有蕡其实。之子于归，宜其家室。
桃之夭夭，其叶蓁蓁。之子于归，宜其家人。

其二是象征张扬、招惹是非。正是由于桃花的外表过于艳丽，不符合儒家含蓄而不张扬的传统观念，因而常被用来喻指美色、男女之事，如“桃花运”“桃色新闻”“桃色事件”等。

当然，除了上述两种象征意义以外，桃花也常被当作实景来描写。例如：

桃　花

唐·周朴

桃花春色暖先开，明媚谁人不看来。
可惜狂风吹落后，殷红片片点莓苔。

在西方文化中，peach blossom 并无特别的文化内涵，而 peach 则通常喻指肤色白里透红的美人及其他美好的事物。例如：

a peach of a room：漂亮的房间

peachy cheeks：桃腮

His wife is an absolute peach.

他太太真是位美人。

（六）荷花及其翻译

荷花在中国文化中是极为常见的一种花，又被称为“芙蓉”，常用来与女子的娇美相比较，形容女子容貌姣好。这在中国古代的诗词作品中极为常见。例如：

越　女

唐·王昌龄

越女作桂舟，还将桂为楫。湖上水渺漫，清江不可涉。
摘取芙蓉花，莫摘芙蓉叶。将归问夫婿，颜色何如妾。

另外，由于荷花生于污泥之中却依旧纯洁无瑕，因而有着“花中君子”的美誉。这也是荷花在中国文化中最重要的文化形象。正因为此，古人常有咏颂荷花、以荷花自比的名篇佳作。例如：

莲

唐·温庭筠

绿塘摇滟接星津，轧轧兰桡入白蘋。
应为洛神波上袜，至今莲蕊有香尘。

与中国文化所不同的是，在西方文化中，lotus 象征着摆脱尘世痛苦的忘忧树。传说，人如果吃了它的果实，就会忘掉一切。因此，英语中的 lotus 有安逸、懒散、无忧虑的隐含意义。例如：

lotus land：安乐之乡

lotus-eater：醉生梦死、贪图安逸之人

lotus-eating：醉生梦死、贪图安逸的行为

lotus life：懒散、悠闲的生活

(七)红豆及其翻译

红豆在汉语中又称相思豆，通常象征着思念、爱情，这一方面与红豆自身的特点有关。由于红豆本身呈心形，且具有鲜艳如血的红色，加上它那质地坚硬的外壳，因而被人们视为坚贞不变的爱情的象征。另一方面也与我国古代的传说有关。相传古代有位男子出征边塞，他的妻子因思念爱人而日日泣于树下，以致眼泪流干流出了鲜红的血粒。血粒凝结不化，在地上生根发芽，长成大树，结满红豆。当然，这只是神话传说，但红豆的相思之意却在中国文化中根深蒂固，这一点在我国古代的很多诗词作品中都有所体现。例如：

相　思

唐·王维

红豆生南国，春来发几枝。
愿君多采撷，此物最相思。

酒泉子

唐·温庭筠

罗带惹香，犹系别时红豆。
泪痕新，金缕旧，断离肠。
一双娇燕语雕梁，还是去年时节。
绿阴浓，芳草歇，柳花狂。

然而在英语中，red bean 的文化内涵受《圣经》的影响颇深。《圣经》中，以撒为了一碗红豆汤而出卖了长子权。因此，红豆在西方文化中象征着见利忘义、为了微小的眼前利益而违背原则、出卖他人。

（八）柳树及其翻译

柳树有很多的象征意义。

其一是象征忧伤的离别之情。柳树之所以成为离别的象征，一方面是因为“柳”与“留”谐音，有“挽留”之意；另一方面是因为柳条纤细柔韧，象征绵绵的情谊。因此，汉语中但凡有柳的句子，大都包含浓浓的离情别绪。例如：

送元二使安西

唐・王维

渭城朝雨浥轻尘，客舍青青柳色新。
劝君更尽一杯酒，西出阳关无故人。

柳枝词

唐・刘禹锡

清江一曲柳千条，二十年前旧板桥。
曾与美人桥上别，恨无消息到今朝。

其二是喻指女子的姿色。由于柳枝轻盈柔软、风姿绰约，因而在中国文化中常用于形容女子姿色。例如，白居易的《长恨歌》中有这么几句话：

“归来池苑皆依旧，太液芙蓉未央柳。
芙蓉如面柳如眉，对此如何不泪垂。”

这几句诗表达的即是唐明皇回来以后，看到太液池的芙蓉就想起了杨贵妃美丽的面容，看到未央宫的柳条就想起了杨贵妃柔美的眼眉。

除以上两个寓意外，柳树还喻指风尘女子。每年春天柳絮都会纷纷扬扬地到处飘飞，这就使人们觉得柳树过于轻浮、妖娆，因此，柳树也就有了一层不好的含义。例如，“花街柳巷”指代妓院等色情场所，而“寻花问柳”则表示男子寻访风尘女子，嫖娼作乐。再如：

这贾蔷外相既美，内性又聪明，虽然应名来上学，亦不过虚掩眼目而已。仍是斗鸡走狗，赏花阅柳。

（曹雪芹《红楼梦》）

与中国文化所表达的寓意不同，在西方文化中，willow 也代表着不同的含义，主要具有以下几种文化内涵。

其一是象征女子的苗条与优雅。由于柳枝细长绵软，很容易让人联想起女性优美的身段。因此，英语中也常用 willow 来形容女子。例如：

a willowy young actress.

一个苗条的年轻女演员。

She is pale and willowy, with violet eyes.

她面色苍白，身材瘦弱，还有一双紫罗兰色的眼睛。

Clothes always look good on her because she is so tall and willowy.

她又高又苗条，穿什么都好看。

其二是象征失恋、哀伤与死亡。这一象征意义与以前英国人带柳叶花圈以示哀悼的习俗有关。在莎士比亚的著名戏剧《奥赛罗》(Othello)中，黛斯德蒙娜(Desdemona)就说道：

My mother had a maid call'd Barbara,
She was in love, and he she lov'd prov'd mad,
And did forsake her: she had a song of "willow",
An old thing't was. but it expressed her fortune,
And she died singing it: that song to-night.
The poor soul sat sighing by a sycamore tree.
Sing all a green willow:
Her hand on her bosom, her head on her knee,
Sing willow, willow, willow:
The fresh streams ran by her, and murmur'd her moans;
Sing willow, willow, willow:
Her salt tears fell from her, and soften'd the stones;
Sing willow, willow, willow.

其三是用于驱邪。在复活节前的星期日，西方人常用柳树来祈福，将之挂于家中驱赶所有的邪恶。

(九)桂树及其翻译

在中国文化中，桂树象征着吉祥、美好、荣誉和骄傲。因此，桂树常常和荣誉联系在一起。我国古代学子若是考中了状元便称"蟾宫折桂，独占鳌头"。现代汉语依然沿用了"折桂"这一说法，喻指在考试、比赛中夺得了第一名。

西方文化中的 laurel 与中国文化中的桂树具有基本相同的文化内涵。过去英美国家的人喜欢用桂枝编成花环戴在勇士的头上，以象征荣誉和成功。后来，那些取得杰出成就的诗

人也被人们称为 poet laureate(桂冠诗人)。由此可见,西方文化中的桂树 laurel 也与荣誉联系紧密。例如:

gain/win one's laurels:赢得荣誉

look one's laurels:小心翼翼地保持荣誉

rest on one's laurels:满足于既得之功,不思进取

(十)翻译方法及其翻译

通过前面对英汉植物词汇以及文化内涵异同的介绍,我们不难发现,它们有些是相同的,有些却大相径庭。正因为这些异同的存在,所以翻译必须准确传神、形义兼顾,以使译文正确体现植物词汇的文化内涵。要做到这一点,译者必须灵活处理植物词汇的形象,或保留形象直译,或直译加注释,或转换形象套译,又或舍弃形象意译。

第一是保留形象直译。当某种植物词汇在英汉两种语言中的文化内涵相同或相似时,即可采取保留形象直译的翻译方法。例如:

laurel wreath:桂冠

Oak may bend but will not break.

橡树会弯不会断。

An apple a day keeps the doctor away.

一日一苹果,医生远离我。

第二是直译加注释法。对于在翻译过程中,保留植物形象直译的优点在于,它能够保留源语言的文化特征,传递原文风格,再现原文神韵,使译文生动传神,有助于促进中西文化交流。虽然直译能够很好地表情达意,但对不了解西方文化的读者而言,直译也经常会为他们的理解带来一定的困难。对此我们认为,译者不妨采用直译加注释的方法来处理植物词汇,即在保留原文植物形象的同时阐释其文化意义。例如:

as like as two peas in pot.

锅里的两粒豆(意指:一模一样)

A rolling stone gathers no moss.

滚石不生苔(意指:改行不聚财)

While it may seem to be painting the lily, I should like to add something to your beautiful drawing.

我想给你漂亮的画上稍加几笔,尽管这也许是为百合花上色。(费力不讨好)

第三是转换形象的套译。通过前面的对比我们知道,字面意义相同的植物词汇,其联想含义可能是不一致的;而字面意义不同的植物词汇,其联想含义可能一致。这就意味着,译者在翻译植物词汇时必须注意其在两种语言中的文化差异,并据此调整植物词汇在译入语中的表达方式。例如:

as red as a rose:艳若桃李

spring up like mushrooms:雨后春笋

potatoes and roses:粗茶淡饭

come out smelling of roses:出污泥而不染

My new jeep is a lemon.

我的新吉普真是个蹩脚货。

Oaks may fall when reeds stand the storm.

疾风知劲草。

第四是舍弃形象进行意译。当植物词汇直译过来很难被译入语读者所理解,而与此同时,添加注释又不方便,转换形象套译又行不通时,译者不妨舍弃原文中的植物形象进行意译,也就是在翻译中只译出植物词汇的联想意义。例如:

apple of discord:不和的根源

harass the cherries:骚扰新兵

the apple of one's eyes:掌上明珠

Every bean has its black.

凡人各有短处。

He is practically off his onion about her.

他对她简直是神魂颠倒。

If you lie upon roses when young,you lie upon thorns when you old.

少壮不努力,老大徒伤悲。

第三节　习语、事物文化及英语翻译

一、习语文化及翻译分析

(一)习语的定义

世界上的语言都包含大量的习语(idiores),可以说,习语就是在长时间的使用中提炼出来的短语或短句。语言是文化的载体,而习语则是语言的核心和精华,人们通过对习语的使用可以传达大量的文化信息。然而,"习语"一词在英汉两种语言中的解释是不同的,下面就对其进行简单介绍。

(1)《新牛津双解大辞典》将 idiom 翻译为"成语",即"a group of words established by usage as having a meaning not deducible from those of the individual words."(整体意义不

能从组成词的个体义推理出的定型词组。）

(2)《牛津高阶》(1997)将 idiom 翻译为“习语，成语，惯用语”，即“phrase or sentence whose meaning is not clear from the meaning of its individual words and which must be learnt as a whole unit.”(整体意义与组成词的个体意义没有明确关系的短语或句子，必须作为整体单位学习。）

(3)《钱伯斯百科辞典》也将 idiom 翻译成“习语，成语，惯用语”，即“an expression with a meaning which cannot be guessed at or derived from the meanings of the individual words which form it.”(整体意义无法从构成的词的个体意义推测或衍生出来的词语。）

(4)世界著名语言学家克里斯特尔(Crystal)指出，“…a sequence of words which is semantically and often syntactically restricted。so that they function as a single unit. From a semantic viewpoint. the meanings of the individual words cannot be summed to produce the meaning of the‘idiomatic’expression as a whole.”(意义上受限制和句法上常受限制、作为单个语言单位使用的词组；从意义角度来说，不能将个体词的意义累加以获得“习语的”整体意义。）

(5)语言学家鲍林格和希尔斯(Bolinger and Sears，1981)提出，“…groups of words with set meanings that cannot be calculated by adding up the separate meanings of the parts.”(无法通过将组成词的个体意义相加的方式推算出其固定意义的词组。）

通过上述五个定义，我们可以看出它们有一个共同点，即都是从习语的语义着眼进行定义的。看某个词组是否是习语，主要看该词组的意义是否有引申义或比喻义，有则是，没有就不是。从形式上看，在上述五个定义中，能够明确习语就是短语或句子的第二个定义，其他都比较模糊。从句法上看，在上述五个定义中，只有第四个定义提出习语不是自由的词组，并指明了习语的另一个特征，即整体作为一个语言单位使用。总而言之，确认英语习语的关键在于意义，而不在于形式。

汉语中就没有与 idiom 相对应的词汇。一直以来，人们都将“成语”作为一个总括词，如方绳辉将成语归纳为 22 种，包括谚语、俗语、古语、惯语、常言、典故、格言、引申、比喻、转喻等。张志公则认为，成语有广狭二义，从广义上讲，凡是习惯上常常作为一个整体说的语言单位都称作成语，里面包括：

(1)各种固定格式(或固定词组)，如“三三两两、三五成群、七上八下、得心应手”等。

(2)谚语、格言、俚语等。

狭义地说，只有(1)才称作成语。所以，广义上的“成语”就相当于习语。然而目前成语只用于狭义，所以与习语不对等。另一个接近习语的词是“语”，其代表人物是温端政。他认为“语”是“由词和词组合成的、结构相对固定的、具有多种功能的叙述性语言单位”，包括歇后语、谚语、成语、惯用语等。但这并不一定能够被大家接受，真正与 idiom 对等的词应该是“熟语”。熟语出现于 20 世纪 50 年代后期，它是从俄语译借过来的术语。但在随后的 30 年中，其概念由模糊逐渐清晰。起初，有人将其看成是惯用语范围下的与成语、歇后语平等的下属单位；有人认为熟语包括语言中的成语、谚语、格言和警句、歇后语、俗语、惯用语六大类；还有人认为熟语有着更广的范围，如刘叔新认为熟语除了包含上述六类，还包括句子的俚语、专门用语、专名语、准同定语。周荐认为熟语应该包括专门语和专门用语。新编《辞海》(1999)将"熟语"定义为"语言中固定的词组或句子。使用时不能随意改变其组织，且要以其整体理解语义。包括成语、谚语、格言、惯用语、歇后语等"。可见，英语中的习语等于汉语的熟语。

（二）以定义为依据的习语分类

如前所述，习语有广狭二义，狭义的习语仅指成语，而广义的习语则包括成语、俗语、谚语、歇后语和粗俗语等。下面就对习语中的这些内容进行简单介绍。

1.成语

成语是语言词汇中一部分定型的词组或短句。成语具有生动简明、形象鲜明的特征。例如：

the Troy Horse：木马计

to lay heads together：大家一起商议(问题)

汉语中有大量的习语，且在汉语语言中占据着重要的地位。汉语成语多以四字形式出现，如一毛不拔、良辰美景、威风凛凛、孤掌难鸣、草木皆兵、既往不咎、雪中送炭、了如指掌等。

2.俗语

俗语是语言词汇中为群众所创造，并在群众口中流传，具有口语性和通俗性的语言单位，是通俗并广为流行的定型语句，简练而形象化，大多数是劳动人民创造出来的。例如：

ins and outs：事情的底细；露出马脚

to show one's cards：摊牌

round-table conference：圆桌会议

汉语中的俗语，例如：

吃软不吃硬

兵败如山倒

病急乱投医

偷鸡不着蚀把米

吃一堑，长一智

三天打鱼，两天晒网

久雨刮南风，天气将转晴

落地的兄弟，生根的骨肉

若要人不知，除非己莫为

刀不磨要生锈，人不学要落后

庄稼一枝花，全靠肥当家

3. 方言俚语

方言俚语是一种跟标准语有区别，只在一个地区或者一定范围使用的话语。例如：

I'm beat：我非常疲乏

He-man!：具有男性魅力的人；粗野的人

as busy as a bee：（像蜜蜂）忙忙碌碌的人

mind your eye：叫别人当心

heart of stone：石头心肠

water under the bridge：桥下的水（逝水，覆水）

twinkle in your mother's eye：母亲眼中的一闪灵光（未出娘胎）

4. 粗俗语

粗俗语不仅出现在男人口中，一些女人也常常使用。无论是男女老少，受过何等教育，当他们情绪激动或是生气时，都会破口大骂。粗俗语一般指口头上不能登大雅之堂的语言，通常指骂人的话。可以说，世界上没有哪一种语言文字不带粗语、脏话的成分。例如：英语中"Son of a bitch."意为"杂种"，相当于汉语中的"妈的"。汉语中的粗俗语有：老色鬼、老东西、混账、狼心狗肺、狗急跳墙、癞蛤蟆想吃天鹅肉等。

5. 歇后语

歇后语是汉语语言的独特形式，几乎无法在其他语言中找到与之相对应的表达。汉语歇后语是"由两部分组成的一句话，前一部分像谜面，后一部分像谜底，通常只说前一部分，而本意在后一部分"。汉语歇后语具有生动形象、诙谐幽默的特点，是广大人民广为流传、喜闻乐见的一种语言形式。例如：

一条绳上拴着两只蚂蚱——谁也跑不了

刘备借荆州——有借无还

明枪易躲——暗箭难防

浸水的麻花——不干脆

金鱼缸里放泥鳅——看你怎么耍滑头

裤子里进蚂蚁——坐立不安

哑巴吃扁食——心里有数儿

帐子里放风筝——远不了

擀面杖吹火——一窍不通

外甥打灯笼——照（舅）旧

吃着油条唱歌——油腔滑调

旗杆上绑鸡毛——好大(掸)胆子

后脑勺子长疮——自己看不见

纸糊的窗子——一点就破

武大郎开店——高朋满座

屁股上挂大锣——走到哪响到哪

骑着毛驴看唱本——走着瞧

老太太吃豆腐——正好

(三)以语法、结构为依据的习语分类

1. 英语习语分类

从语法功能和结构成分的角度考虑，英语习语可分为下面四种。

(1)名词性习语。例如：

lion's share：最大份额；最大好处

strange fish：怪人

a storm in tea-cup：小题大做

hustle and bustle：熙熙攘攘

(2)动词性习语。例如：

come thick and fast：大量出现

lose one's wool：发怒

go to the dogs：每况愈下，前景不好

poke one's nose into：探问；干预

(3)形容词性习语。例如：

as cool as a cucumber：泰然自若

on call：随时待命

free and easy：无拘束的

up in arms：枕戈待旦

(4)副词性词组。例如：

heart and soul：全心全意地；完全地

through thick and thin：同甘共苦

2. 汉语习语分类

从结构搭配关系上考虑，汉语习语可分为两种。

(1)习语前后两段之间为并列、对举、目的、承接、因果关系。

(2)习语各成分之间的主谓、动宾、偏正关系。例如：

风度翩翩(主谓关系)　　　　貌合神离(对举关系)

三令五申（并列关系）　水滴石穿（因果关系）

取长补短（目的关系）　顾名思义（动宾关系）

世外桃源（偏正关系）　水到渠成（承接关系）

按照音节的个数来划分，汉语习语可分为四音节和非四音节。例如：

流连忘返、龙吟虎啸（四音节）

名师手下出高徒；门外汉；来无影，去无踪（非四音节）

（四）英语习语中的文化内涵

英语中的大部分习语都是英美民族在长期的生活实践和语言交际中形成并总结出来的。因此，英语习语常常可以反映出西方的宗教信仰、文学作品、历史发展、生活方式等文化。

1.历史发展

在人类历史的长河中，受民族迁徙、外敌入侵、内部战争等因素的影响，语言被烙上了清晰的印记。同样，习语在发展过程中也始终没有脱离历史文化的背景。比如：

French leave：不辞而别

All roads lead to Rome：殊途同归

Rome was not built in a day：冰冻三尺，非一日之寒

lose one's wool：大发雷霆

take heart：鼓起勇气

lose one's hair down：身心轻松

thumbs up/down：赞成、满意/反对、贬斥

cry over spilt milk：覆水难收

rain cats and dogs：狂风暴雨/倾盆大雨

2.生活方式与民族习俗

生活方式与民族习俗都会受到其生存条件、地理环境的影响。这些影响会在英语习语中留下痕迹。由于英国是岛国，人们多靠航海、捕鱼为生，以采煤和畜牧业为主业，因此有许多英语习语都与航海、捕鱼、畜牧等有关。例如：

all at sea：不知所措

lose one's wool：发怒、生气

be taken aback：大吃一惊

hang in the wind：犹豫不决

cast off one's jaw-tackle：说话过多，饶舌

like a fish out of water：处在陌生的环境中，不自在

英国受地理因素的影响，有多雾多雨的气候特征，与此相关的习语也有很多。

as right as rain：十分正常

have not the foggiest(idea)：如坠五里云雾中

3.文学作品

莎士比亚是欧洲文艺复兴运动时期最伟大的剧作家，是杰出的语言学大师。他的作品促进了英语的发展，对英语习语的发展做出了较大贡献。如今，我们耳熟能详的习语很多都来自莎士比亚的经典著作中。例如：

All that glitters is not gold.

闪光的不一定是金子。

To be or not to be，that is a question.

生存还是死亡，这是个问题。

a cat with nine lives：猫有九条命

hoist with one's own petard.

害人反害己/搬起石头砸自己的脚。

当然，在其他一些作家的作品中也曾出现过不少习语。例如：

all hell breaks loose：闹翻天(来自乔叟《特洛莱斯和克丽西德》)

in the seventh heaven：乐不可支，非常得意(出自司各特的小说《圣罗南井》)

never say die：不要悲观，不要气馁(出自狄更斯的小说《匹克威克外传》)

heads I win，tails you lose：反正我赢定了/不管怎么样总不会吃亏(出自塞缪尔·巴特勒的诗《赫迪布拉斯》)

as busy as a bee：忙碌之极(出自乔叟《商人的故事》)

mind one's eye：小心谨慎(出自狄更斯《巴纳比·拉奇》)

albatross round soneons's neck：提醒某人不犯错误之物(出自柯勒律治的长诗《老水手之歌》)

all one's geese are swans：言过其实(出自哲学家和传教士罗伯特·伯顿的《抑郁症分析》)

Catch 22：无法摆脱的困境(出自优瑟夫·海勒的小说《第22条军规》)

4.宗教信仰

英国人及整个西方都以基督教为主要信仰，他们信奉上帝，因而英语中的很多习语都与基督教或与上帝有关。例如：

God helps those who help themselves：天助自助者

Do as you-would be done by：想受别人尊敬，必须尊敬别人

at the eleventh hour：关键时刻

in sackcloth and ashes：悲痛忏悔

a fly in the ointment：美中不足

The danger past and God forgotten：过河拆桥

fall on stony ground：未产生效果

bone of the bone and flesh of the flesh：血肉关系

make bricks without straw：做吃力不讨好的事

go through fire and water：赴汤蹈火

God damn you/go to hell：见鬼去吧（用来诅咒人的话）

beard the lion：敢捋虎须/敢在太岁头上动土/不畏强暴

与宗教信仰相关的习语还有：

Whom God would ruin，he first deprives of reason.

上帝要毁灭其人，必先使他失去理智。

（五）汉语习语中的文化内涵

汉语习语与中国的宗教信仰、古代经典、历史史实、伦理道德、价值观念、生活方式和民族习俗等都有密切的关系。因此，对汉语习语的研究必然要对其蕴含的这些文化因素进行研究。

1. 古代经典

汉语中的习语还有一部分来自中国古代文学作品或经典古籍。例如，“万事俱备，只欠东风”就是来自中国四大名著《三国演义》中，用来比喻万事俱备，只差一步；还有“一龙生九种，种种各不同”来自我国古代经典小说《红楼梦》（第九回），这句习语指的是，在相同环境里成长起来的兄弟姐妹也会有不同的性情。

2. 历史史实

汉语中的许多成语、谚语、俗语以及歇后语等都与一些历史事件有一定的关系。例如，成语“负荆请罪”“卧薪尝胆”“完璧归赵”“破釜沉舟”“四面楚歌”“背水一战”等都与春秋战国时期发生的一些事件有关。

再如成语“图穷匕见”来自荆轲刺杀秦始皇的故事；成语“三顾茅庐”“司马昭之人，路人皆知”以及歇后语“刘备卖草鞋——本行有货”等都来自《三国演义》中的一些典故。这些习语都在警示后人要汲取前人的教训，要正确认识客观事物的本质，采取恰当而必要的战略、方略、策略以及行为交际准则。

3. 价值观念

汉语中的许多习语都与古代或当代中国人的社会交往准则或规范相关，贯穿着“积德行善”“以和为贵”等思想。例如：

冤仇宜解不宜结

四海之内皆兄弟

严于律己，宽以待人

渡船渡到岸，帮人帮到底

还有一些习语常用来宣扬积极向上的人生理念或道德情操。例如：

言必信，行必果

宁肯站着死，不愿跪着生

还有一些习语用来揭示人类积极的生活态度和行为规范。例如：

吃亏是福，知足常乐

瓜田不纳履，李下不整冠

但是，也有一些消极、阴暗的习语，如"逢人只说三分话，未可全抛一片心""各人自扫门前雪，莫管他人瓦上霜""不求有功，但求无过""事不关己，高高挂起"等。

4. 伦理道德

中国在几千年封建社会的统治中，形成了大量的封建伦理思想，包括尊卑有序、男尊女卑、官本位、重等级、重乡土等。这些观念在汉语习语中表现得尤为明显。例如：

举案齐眉，白头偕老

女子无才便是德

敬人者人恒敬之，欺人者人恒欺之

朋友妻，不可欺

天下兴亡，匹夫有责

5. 生活方式与民族习俗

汉语中的很多习语都能够反映中华民族独特的生活方式、社会习俗以及风土人情。由于中华民族是一个以农业为主的民族，所以中国人都有着固守家乡、依恋故土的情怀。如"落叶归根""月是故乡明"等。此外，还有许多习语都反映着中国古代的生活方式或民族习俗。例如：

黎明即起，洒扫庭除

男大当婚，女大当嫁

种田不用问，深耕多上粪

斩草不除根，逢春必要生

（六）习语翻译方法

习语的翻译方法有很多种。

其一是保留原文形象的方法。保留原文形象的方法有两种，分别是使用对应习语和将原文译为非习语。习语翻译最简单易行的方法就是使用对应习语。例如：

It was no use crying over spilt milk. No use building castles in the air. What are needed was a plan——serious, practical, sensible plans for the new life.

(A. Huxley: *Eyeless in Gaza*)

覆水难收，徒劳无益。空中楼阁，无实际意义。现在需要的是规划——为新生活而拟定严肃认真、切实可行而有理智的规划。

"谋事在人，成事在天。"咱们谋到了，靠菩萨的保佑，有些机会，也未可知。

（曹雪芹《红楼梦》）

Man proposes, heaven disposes. Work out a plan, trust to Buddha. and something may

come of it for all you know.

除对应习语外，再就是将原句的习语译成非习语。例如：

It seemed strange that the various editors should permit such redundant flogging a dead donkey。unless perhaps they had a suspicion that after all the donkey might not be quite dead,and wished to make sure.

(N. Coward:*Present Indicative*)

奇怪的是，各家编辑竞一再鞭打死驴——重复已成定论的东西，这无非是他们也许怀疑驴子可能没有完全断气，想以此证实一下。

It's only for Her Ladyship's sake and because you are old that I call you"nurse"。but like a dog counting on its master's backing you're always making trouble.

我不过看着太太的面上，你又有年纪，叫你一声妈妈，你就狗仗人势，天天作耗，专管生事。

（曹雪芹《红楼梦》）

其二是转换原文形象。要想转换原文的形象，可以使用语义对应的习语进行翻译。例如：

If agreement failed,as it often does in revolutionary times, then,however reluctant,he would cut the Gordian knot,for the nation's government must be carried on.

(G. M. Trevelyan:*History of England*)

如革命时期常发生的那样，协议要是不成功，那么，不管愿不愿意，他也得快刀斩乱麻，因为国家的管理不能中断。

第三是增减原文形象。增添或删减原文的形象，可采用以下两种方法。

首先是可以将源语中有形象的习语在译语中删减掉。例如：

I have my vacation and get around and see things and I see the trade too. Kills two birds with one stone. I don't lose any time.

我既是度假，到处去观光，同时又看看生意情况。一举两得，一点不浪费时间。

其次是将源语中没有形象的习语在译语中增添出来。例如：

After many years of obscurity,the once-famous film-star made an unexpected come-back.

过了多年默默无闻的生活，这位曾名噪一时的影星出人意料地又东山再起了。

"What a terror you are,"protested His-feng,smiling. "Don't complain next time you're in trouble if I put on the screw."

凤姐笑道："我看你厉害，明儿有了事，我也'丁是丁，卯是卯'的，你也别抱怨。"

（曹雪芹《红楼梦》）

二、事物文化及翻译分析

(一)"月亮"意象及其翻译

在中西方文化中,"月亮"具有着丰富的意象。但同样的月亮和月光,在中西方人的心目中却有着不同的理解和联想。

在中国,明月常常使中国人产生思乡之情。例如:

峨眉山月歌

李白

峨眉山月半轮秋,
影入平羌江水流。
夜发清溪向三峡,
思君不见下渝州。

但是,对于英美国家的人来说,月亮总能使他们想起1969年7月20日,尼尔·阿姆斯特朗乘坐阿波罗Ⅱ号首次登月的情景,还有一句名言:

"That's one small step for a man,one giant step for man kind."

对一个人是一小步,对人类是一大步。

随着中西方文化交流的深入和频繁,西方人基本上可以理解和接受中国人对月亮的寄托。所以,将汉语中的"月亮"译成英语时,西方人可以在直译的基础上灵活处理,并能将其意象表达出来。下面以唐代诗人李白《静夜思》的翻译为例,来说明这一问题。

译文1:

Night Thoughts

I wake,and moonbeams play around my bed,
Glittering like hoar—frost to my wandering eyes;
Up towards the glorious moon I raise my head,
Then lay me down—and thoughts of home arise.

(Giles译)

译文2:

Night Thoughts

In front of my bed the moonlight is Very bright.
I wonder if that can be frost on the floor?
I lift up my head and look at the full moon,the dazzling moon.
I drop my head,and think of the home of old days.

（Amy Lowell 译）

译文 3：

In the Quiet Night

So bright a gleam on the foot of my bed.

Could there have been a frost already?

Lifting myself to look,I found that it was moonlight.

Sinking back again,I thought suddenly of home.

（Witter Bynner 译）

以上三个译文分别将“月亮”“月光”译成了 moon 和 moonlight，并表达出了“月亮”“月光”的深层含义——思乡之情，使读者感同身受。

(二)“东风与西风”意象及其翻译

汉语中的“东风”与英语 east wind 是完全对应的，但两者所包含的文化意义却完全不同。汉语中的“东风”是指“春风”，象征着“春天”和“温暖”，它吹绿了中华大地，使万物复苏，故有“东风报春”的说法，所以中国人偏爱东风。与东风有关的诗句也有很多，如陈毅《满江红》：“喜东风浩荡海天宽，西风落。”郭沫若《新华颂》：“多种族，如弟兄，千秋万岁颂东风。”甚至还有人将东风比喻成“革命的力量或气势”。相反，英美国家的人将“东风”与“刺骨的寒风”联系起来，例如：

a keen east wind(James Joyce);biting east winds(Samuel Butler);a piercing east wind (Kirlup);How many winter days have I seen him,standing blue nosed in the snow and east wind(Charles Dickens)。

可见，“东风”在西方人眼中并不是惹人喜爱的事物。“东风”在英汉两种语言中的巨大差异，决定了对其进行翻译时应该采取一定的策略。例如：

虞美人

李煜

春花秋月何时了？
往事知多少。
小楼昨夜又东风，
故国不堪回首月明中。
雕栏玉砌应犹在，
只是朱颜改。
问君能有几多愁？
恰似一江春水向东流。

译文 1：

The Beautiful Lady Yu
When will there be no more autumn moon and spring flowers?
For me who had so many memorable hours?
My attic which last night in vernal wind did stand.
Reminds me cruelly of the lost moonlit land.
Carved balustrades and marble steps must still be there.
But rosy faces cannot be fair.
If you ask me how much my sorrow has increased,
Just see the over brimming river flowing east!

（许渊冲　译）

译文 2：

Yumeiren
Too long the autumn moon and spring flowers last.
1 wonder how much they've known of my past.
Last night spring breezes through an upper room.
Reminds me too much my present gloom.
With a bright moon, how could I my country recall.
Without a sense of defeat and despair at all.
The Palace should be still there as before.
With its carved railings; jade-like steps galore.
Only here are changes which my plight entail.
My complexion, once ruddy, had become pale.
Should I be asked how much anguish I have found.
Strange! It is like flowing water, eastward bound.

（忠杰　译）

上述两个译文均采用了变通的手法，将“东风”分别译成了 vernal wind 和 spring breezes。

春　思

贾至

草色青青柳色黄，
桃花历乱李花香。

东风不为吹愁去，
春日偏能惹恨长。

The yellow willow waves above;the grass is green below.
The peach and pear blossoms in massed fragrance grow.
The east wind does not bear away the sorrow at my heart.
Spring's growing days but lengthen out my still increasing woe.

（Feltcher　译）

该例可以直接将“东风”译为 east wind。这种译法最为恰当，因为直译可以将原文文化和风格充分地展现出来，而且随着中西方文化交流的不断深入，大多数读者都知道“东风”在中西文化中的差异，所以直译基本上不会使读者产生误解。

相反，西风（west wind）对于英国人来说则是温暖的，它象征着春天即将到来，生命即将诞生，深受英国人的喜爱。所以，英语诗歌有很多都赞美西风。例如：

O，wind，
If winter comes，can spring be far behind?
啊，西风，假如冬天已来临，春天还会远吗？

这句诗是英国诗人雪莱的《西风颂》中最后一句，诗人在最后一句表达了自己对未来美好的憧憬和坚定的信念。

It's warm wind，the west wind，full of birds' cries;
I never hear the west wind but tears are in my eyes，
For it comes from the west lands，the old brown hill，
And April's in the west wind，and daffodils.
那是一种温暖的风，西风吹时，万鸟争鸣；
一听西风起，我眼眶中泪盈盈，
因为它是来自西土，那褐色的故乡边，
春天就在西风中到来，还有水仙。

该例来自英国诗人约翰·梅斯菲尔德（John Masefield）的 *Ode to The West Wind*（《西风颂》）。诗人借用 the west wind 充分地表达了对故乡的思念。

与西方相反，“西风”在中国人心中却有着寒冷的意思。例如许浑的《早秋》“遥夜泛青瑟，西风生翠萝。残萤栖玉露，早雁拂金河”。同时，西风在汉语中也象征着势力，如“看牛鬼蛇神，正节节溃败，东风浩荡西风衰”。（贺敬之《伟大的祖国》）

（三）“山水”意象及其翻译

山水意象及文化，是指由山水而引发的文化沉积，也可以说是以山水为表现对象的文

化。在中国历史上，出现了许多与山水有关的诗句，诗人都希望将自己的情感通过山水表现出来。唐代有关山水的诗歌达到了巅峰，诗人习惯将人生的悲哀与忧愁寄寓于流水之中，流水成了诗人表达伤逝之情的象征物。例如，李煜的《虞美人》“问君能有几多愁，恰似一江春水向东流”，就将漫无边际、川流不息的愁绪形象地表达了出来。

此外，“流水”还用来象征逝去的时光，如“无边落木萧萧下，不尽长江滚滚来”。

除此之外，在古诗中，“山”还多用来比喻至死不渝的爱情。例如，唐代无名氏的《菩萨蛮》“枕前发尽千般愿，要休且待青山烂。水面上秤锤浮，直待黄河彻底枯。”

可见，流水和青山在汉语文化中被寄予了复杂、丰富的情感。那么这类诗句应该如何翻译成英文呢？译成英文之后能否被英美读者所理解和接受呢？有人认为：“像这样的文学意象具有高度可译性，如果把它们直接译成另一种语言中相对应的物象，它的寓意也基本上能得到转达。”也就是说，“流水”和“山”可直译为 water，river，stream 和 mountain，hill。直译后，“流水”和“山”的文化内涵基本可以保留。

下面是来自唐代无名氏《菩萨蛮》的译文：

On the pillow we make a thousand rows，and say，
Our love will last unless green mountains rot away，
On the water can float a lump of lead，
The Yellow River dries up to the very bed.

（许渊冲　译）

庐山山水可以说是中国山水文化的缩影，李白的《望庐山瀑布》就是中国古代山水诗歌的极品。下面来看《望庐山瀑布》的翻译：

望庐山瀑布

李白

日照香炉生紫烟，遥望瀑布挂前川。
飞流直下三千尺，疑是银河落九天。

译文 1：

Viewing the Waterfall at Mount Lu
Li Bai
Sunlight streaming on Incense Stone kindles a violet smoke：
Far off 1 watch the waterfall plunge to the long river，
F1ying waters descending straight three thousand feet，

Till I think the Milky Way has tumbled from theninth height of Heaven.

(Burton Watson 译)

译文 2：

Cataract On Mount Lu

Li Bai

The sunlit Censer perk exhales a wreath of cloud:
Like an upended stream the cataract sounds loud.
Its torrent dashes down three thousand feet from high;
As if the Silver Rivet fell from azure skv.

（许渊冲　译）

参考文献

[1]王建国. 汉英翻译学:基础理论与实践[M]. 北京:中译出版社,2019.

[2]冯佳. 中英双向互译中翻译认知过程研究:基于眼动追踪和键盘记录的实证分析[M]. 北京:外语教学与研究出版社,2018.

[3]刘宓庆. 中西翻译思想比较研究[M]. 北京:中译出版社,2019.

[4]庄绎传. 英语名师谈:翻译漫谈[M]. 北京:商务印书馆,2015.

[5]廖益清,李贻. 英汉应用型翻译[M]. 广州:中山大学出版社,2020.

[6]岳中生,于增怀. 生态翻译批评体系构建研究[M]. 北京:科学出版社,2016.

[7]王璨. 译者的介入张爱玲文学翻译研究[M]. 杭州:浙江大学出版社,2014.

[8]盛俐. 生态翻译学视阈下的文学翻译研究[M]. 广州:暨南大学出版社,2014.

[9]胡庚申. 生态翻译学建构与诠释[M]. 北京:商务印书馆,2013.

[10]王平. 文学翻译风格论[M]. 成都:电子科技大学出版社,2014.

[11]郭延礼. 文学经典的翻译与解读[M]. 济南:山东教育出版社,2007.

[12]胡庚申. 翻译适应选择论[M]. 武汉:湖北教育出版社,2004.

[13]岳中生,于增环. 公示语生态翻译论纲[M]. 北京:科学出版社,2014.

[14]陆秀英. 当代中国翻译文学系统生态研究[M]. 南昌:江西人民出版社,2012.

[15]张磷. 文学传统与文学翻译的互动[M]. 镇江:江苏大学出版社,2013.

[16]吴为善,严慧仙. 跨文化交际概论[M]. 北京:商务印书馆,2010.

[17]武锐. 翻译理论探索[M]. 南京:东南大学出版社,2010.

[18]兰萍. 英汉文化互译教程[M]. 北京:中国人民大学出版社,2010.

[19]白靖宇. 文化与翻译[M]. 北京:中国社会科学出版社,2010.

[20]张维友. 英汉语词汇对比研究[M]. 上海:上海外语教育出版社,2010.

[21]邵志洪. 英汉对比翻译导论[M]. 上海:华东理工大学出版社,2010.

[22]程尽能,吕和发. 旅游翻译理论与实务[M]. 北京:清华大学出版社,2008.

[23]彭萍. 实用商务文体翻译[M]. 北京:中央编译出版社,2008.

[24]张萌. 文化翻译理论视角下的文化文本汉译英实践报告[D]. 江西师范大学,2020.

[25]胡嘉玉. 林语堂翻译理论视角下《文化大观园》口译实践报告[D]. 江西师范大学,2020.

[26]桂珊潭. 间性理论下通俗文学的跨文化翻译研究[D]. 江西师范大学,2020.

[27]李天娇. 科技英语翻译中跨文化转化与实践——评《科技英语》[J]. 科技管理研究,

2020,40(7):282.

[28]朱美娜.抗日战争时期党报和地方报的异同——以长治报刊为例[J].新闻研究导刊,2016,7(20):34-35.

[29]刘涛.多元文化背景下的大学英语跨文化翻译教学模式改革研究[J].人力资源管理,2016(9):140-141.

[30]黄莹璐.在多元文化中领略翻译的风格特点——评《多元文化与翻译》[J].当代教育科学,2015(8):12.

[31]朱美娜.抗日战争时期长治地区的报刊研究[D].兰州大学,2015.

[32]朱美娜.抗日战争时期长治地区的新闻出版事业[J].吕梁学院学报,2014,4(3):28-31.

[33]刘一帆.英语茶文学作品的翻译策略探究[J].科教导刊(下旬),2019(8):36-37.

[34]王佩瑶.如何正确处理英语文学翻译中的文化差异[J].海外英语,2019(16):72-73.

[35]彭彰燕.农业经济文化环境下的旅游英语翻译[J].广东蚕业,2019,53(8):117-118.

[36]李冠群.功能对等理论框架下的科技英语翻译实践报告[D].山东大学,2018.

[37]朱美娜.抗日战争时期山西的通讯社发展状况——以民族革命通讯社发展为例[J].新闻研究导刊,2018,9(6):18-19.

[38]杨蝉菁.浅析英语立法文本的句式特征及翻译技巧[D].华东政法大学,2017.

[39]朱美娜.从五四报刊审视大众传媒与民族认同[J].青年记者,2017(6):103-104.

[40]郭晗.英语翻译中跨文化视角转换及翻译技巧研究[J].湖北农机化,2020(6):183.

[41]王莹.英语翻译教学中的中西茶文化比较[J].福建茶叶,2020,42(3):251-252.

[42]王江安.中西文化差异下大学英语教学中英美文学作品翻译[J].福建茶叶,2020,42(3):388-389.

[43]历晓寒,肖成笑.英语翻译教学主体交往体系的构建与中华文化外译[J].中国多媒体与网络教学学报(上旬刊),2020(4):218-219.

[44]管艳郡.文化差异视域下商务英语翻译障碍与对策[J].南阳师范学院学报,2020,19(2):74-76.

[45]罗媛媛.英语文学翻译中文化差异的处理研究[J].英语广场,2020(3):20-21.

[46]李璇.英语翻译中跨文化视角及转化翻译技巧探究[J].英语广场,2020(2):10-11.

[47]吴迪.英语翻译中跨文化视角转换及翻译技巧分析[J].智库时代,2020(1):222-223.